글쓰기가 제일 쉬웠어요

버튼아이

글쓰기가 제일 쉬웠어요

1판 1쇄 인쇄 2025년 1월 20일
1판 1쇄 발행 2025년 1월 31일

기획·글 혜다, 독서문해연구소
펴낸이 이종일 | **책임편집** 이정화 | **북디자인** design S
사진·그림자료 셔터스톡, 국립중앙박물관, 위키미디어커먼즈, 강지하
펴낸곳 버튼북스 | **등록번호** 제386-2510020150000040호 | **등록일자** 2020년 4월 9일
전화번호 032-341-2144 | **팩스** 032-342-2144
주소 경기도 부천시 소삼로 38 휴안뷰 101동 602호

ISBN 979-11-87320-52-4 (73700)

★ 책값은 뒤표지에 있습니다.
★ 이 책 내용의 일부 또는 전부를 재사용하려면 반드시 버튼북스의 동의를 얻어야 합니다.
★ 잘못 만들어진 책은 구입하신 서점에서 교환해 드립니다.
★ 내용 문의 홈페이지 http://www.hyedareading.kr
　　　　　　인스타그램 https://www.instagram.com/hyeda_reading_literacy

• 제조자명 : 버튼북스	• 제조연월 : 2025. 01	
• 주소 : 경기도 부천시 소삼로 38	• 제조국명 : 대한민국	
• 전화번호 : 032-341-2144	• 사용연령 : 8세 이상 어린이 제품	

버튼아이는 버튼북스의 아동 브랜드입니다.

생각이 반짝 글이 술술

글쓰기가 제일 쉬웠어요

생활글·편지글·동시·설명하는 글·소개하는 글·주장하는 글
연설하는 글·독서 감상 글·상상하는 글

초등 갈래별 글쓰기

기획·글 혜다, 독서문해연구소

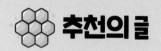
추천의 글

누구나 쉽게 완성도 높은 글을 쓸 수 있는 길로 안내합니다

글쓰기 교육은 문해력 교육의 꽃이라고 합니다. 글쓰기는 읽고, 생각하고, 자신과 세계를 이해한 방식을 종합적으로 드러내기 때문입니다. 21세기는 표현의 시대입니다. 아무리 많은 내용을 읽어도 자신의 것으로 소화해서 정갈한 한 편의 글로 표현하지 못한다면, 지식을 자기 것으로 하기 힘듭니다. 학교에서도 지식과 문해력의 완성을 위해 글쓰기 교육의 비중을 높이고 있는 상황입니다. 하지만 주변에서 보면, 글쓰기를 어려워하는 학생들이 유독 많습니다. SNS나 인터넷상에서는 쉽게 자기표현을 하는 학생들도, 체계적이고 정확하며, 상황에 맞는 글을 쓰라고 하면 어려워하지요. 또 재능이 있어야 글을 잘 쓸 수 있다는 편견을 가지기도 합니다.

이 책은 누구나 쉽게 완성도 높은 글을 쓸 수 있도록, 그 과정을 매력적으로 안내하고 있습니다. 먼저 글쓰기를 갈래별로 나누고, 글쓰기 방법을 명확하게 안내한다는 장점이 있습니다. 사실 갈래별 글쓰기는 글쓰기 교육 중에서도 가장 수준 높은 단계라고 할 수 있습니다. 이 책은 학생들이 호감을 느낄 수 있도록, 다양한 그림과 시각 자료를 활용하고 있습니다. 그림에 주의를 기울이다 보면, 어느덧 글로 표현하고 싶은 생각들을 절로 만나게 됩니다. 또 메타 인지를 키울 수 있도록 자기 주도적 글쓰기 과정을 설계하고 있는 점도 큰 매력이라고 생각합니다. 글감을 찾고, 글의 구조를 완성시키며, 자신의 글에 대한 평가 항목까지 익히게 되면, 글쓰기 효능감은 더욱 높아지지 않을까 기대해 봅니다.

이 책을 쓴 저자들은 가톨릭대학교 교육대학원과 교육학과 '독서교육 전공'에서 읽기와 쓰기를 깊이 있게 공부한 인재들입니다. 학문적 이론을 교육 실천으로 연결하려고 애쓴 열정이 좋은 결실을 보기를 기원합니다.

가톨릭대학교 교수 최인자

꿀꺽이와 떠나는 9가지 비밀의 정원으로 오세요

"선생님, 저는 커서 작가가 되고 싶은 것도 아닌데 왜 글쓰기를 해야 하죠?"

어느 날 초등학생 제자가 제게 한 질문이에요. 정말 글쓰기는 글을 쓰는 직업을 가진 사람들만 하는 일일까요? 물론 예전에는 글을 쓰는 직업을 가진 사람들만 글쓰기를 했어요. 하지만 지금 우리는 매일 글을 쓰며 보내고 있어요.

우리는 이메일을 전송하거나 SNS를 활용해 메시지를 보내요. 인터넷 뉴스 기사에 댓글을 작성하기도 하고, 인터넷 공간에 나의 의견을 남기기도 하지요. 지금 우리는 일상생활을 하면서 늘 글을 쓰는 시대에 살고 있어요. 그런데 글쓰기가 너무 어렵다고요? 걱정하지 마세요. 혜다 선생님들이 우리 친구들을 위해 다양한 종류의 글쓰기를 쉽고 재미있게 배우는 방법을 이 책에 차곡차곡 담았답니다.

《글쓰기가 제일 쉬웠어요》는 총 9장으로 구성되어 있어요. 1장은 일상의 이야기를 담는 '생활문 쓰기', 2장은 누군가에게 나의 마음을 전하는 '편지글 쓰기', 3장은 감수성을 풍부하게 해주는 '동시 쓰기', 4장은 사실과 정보를 전달하는 '설명하는 글 쓰기', 5장은 자신이나 다른 사람 또는 사물에 대한 정보를 알려주는 '소개하는 글 쓰기', 6장은 나의 주장을 밝히는 '주장하는 글 쓰기', 7장은 목적을 위해 여러 사람 앞에서 나의 주장을 밝히는 '연설하는 글 쓰기', 8장은 책을 읽고 난 뒤 나의 생각이나 느낌을 담는 '독서 감상 글 쓰기', 마지막 9장은 신비로운 상상의 세계로 안내하는 '상상하는 글 쓰기'로 구성되어 있어요.

친구들, 글쓰기 여행을 시작할 준비가 되었나요? 이 책에서는 우리 친구들의 글쓰기를 도와 줄 친구, 꿀꺽이가 함께할 거예요. 꿀꺽이와 혜다 선생님들은 친구들의 성공적인 글쓰기를 응원합니다.

2024년 12월, 추운 겨울의 문턱에서 따스한 봄을 기다리며,
혜다, 독서문해연구소 연구진 일동

생각의 길을 따라가 봅시다

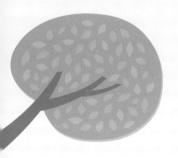

**갈래별 글이란
무엇일까요?**

갈래별 글의 개념과 특징에
대해 알아보는 단계예요.
글은 종류에 따라 목적과
쓰기 방법이 달라져요.
각 갈래에 알맞은 글쓰기에
대해 알 수 있어요.

3

생각을 열어요

글쓰기를 시작하기 전, 생각을
준비하는 단계예요. 다양한
방법으로 생각을 열어요.

2

글쓰기 디자인을 해 봐요

글쓰기 디자인을 하는
단계예요. 글쓰기 디자인이란
글을 어떻게 써야 할지
구성하는 일을 말해요.
글쓰기 전에 디자인을 먼저
하면 글을 쓸 때 사고의 흐름을
자연스럽게 정리할 수 있어요.

1

글쓰기 친구 **꿀꺽이**
나이 **11살**
태어난 곳 **혜다 왕국**
특징 **명화를 사랑함, 친구들의 글쓰기 노력을 먹고 살며 성장함**

글쓰기를 해 봐요

꿀꺽이를 따라 글쓰기
디자인을 했다면 본격적으로
글을 써 보는 단계예요.
자신감을 가지고 글을
써 보는 연습을 해 보아요.

5

4

한눈에 정리하는
갈래별 글쓰기

지금까지 알아본
갈래별 글쓰기를
정리하고, 갈래별
글에서 가장 중요한
핵심어를 알아보아요.

·차례·

CHAPTER 1

룰루랄라
생활글 쓰기

CHAPTER 2

말랑말랑
편지글 쓰기

룰루랄라 생활글 쓰기

안녕, 나는 꿀꺽이야.
나와 함께 생활글에
대해 알아볼까?

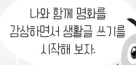

나와 함께 명화를
감상하면서 생활글 쓰기를
시작해 보자.

🔷 그림 속 사람들은 무엇을 하고 있나요?

🔷 사람들은 왜 이곳에 모여 있을까요?

🔷 사람들은 어떤 생각을 하고 있을까요?

프랑스의 화가 '제임스 티소'가 그린 〈휴일〉이라는 작품이에요.
〈휴일〉이라는 제목처럼 그림 속의 사람들은 가족, 친구, 연인과 함께 편안한 휴일을 보내고 있어요.

여러분은 휴일에 무엇을 하며 어떻게 보내고 있나요?
그림 속의 사람들이 보내는 휴일의 모습과 내가 보내는 휴일의 모습은 어떤 부분이 닮아 있나요? 반대로 다른 점은 무엇인가요?

이렇게 일상에서 겪었던 일 중 기억에 남는 일을 글로 작성한 것을 '생활글' 이라고 해요.

여러분도 일상에서의 일들 중에 소중하게 간직하고 싶은 일이 있나요?
소중한 일상을 생활글로 표현해 보는 건 어떨까요?
아무리 생각해도 떠오르지 않는다고요?
걱정 마세요!
꿀꺽이가 알려 주는 대로 생각의 길을 따라간다면 멋진 생활글을 완성할 수 있답니다. 그럼 함께 시작해 볼까요?

생각을 열어요

✏️ 여러분은 생활 속에서 겪었던 일 중에서 어떤 일이 기억에 남나요?
가장 기뻤던 일, 가장 슬펐던 일, 가장 억울했던 일, 가장 미안했던 일
등 생활 속에서 일어난 다양한 경험을 떠올려 보세요.

어제는 친구들과
놀이터에서
술래잡기를 했는데
정말 재미있었어!

겨울 방학 때 가족들과
눈썰매장에 갔는데,
눈썰매가 너무 빨라서
무서웠어.

생활글이란 무엇일까요?

생활글은 우리가 일상에서 겪은 일을 중심으로 쓰는 글을 말해요. 우리는 매일 밥을 먹고 학교에 가고, 공부를 해요. 또 친구들을 만나고, 운동장에서 놀며 저녁에 가족이 함께 모여 하루를 보낸 이야기를 나눠요. 주말이나 휴일에는 공원에 가서 자전거를 타거나 여행을 가기도 해요. 이런 일 중에서 잊혀지지 않는 일, 가치 있는 일, 즐거웠던 일, 슬펐던 일, 억울했던 일, 속상했던 일 등이 생활글의 글감이 될 수 있어요.

생활글은 내가 겪은 느낌과 생각을 꾸밈없이 솔직하게 써야 해요. 다른 사람들과 똑같이 겪는 일이라도 나만 느낀 특별한 감정이나 생각, 느낌을 글로 쓴다면 멋진 생활글이 될 수 있어요.

KEY POINT

생활글을 쓰면 좋은 점

❶ 매일매일 경험한 일이 소중해져요.
❷ 그때의 생각과 감정을 떠올릴 수 있어요.
❸ 꾸준히 기록한 글은 소중한 추억이 돼요.

글쓰기 디자인을 해 봐요

1 글감 찾기

2 글감과 관련된 생각 펼치기

3 생활글 개요 짜기

4 육하원칙에 맞게 내용 정리하기

5 다른 형식의 생활글 알아보기

생활글의 글감을 찾으려면 어떻게 해야 할까요?
다음 물음에 답하면서 글감 찾는 연습을 해 보아요.

시간	장소
봄, 여름, 가을, 겨울에 있었던 일 또는 한 달 전, 일주일 전, 어제 등 지난 시간에 있었던 일을 떠올려 보세요.	집, 학교, 학원, 놀이터, 여행지, 영화관 등 장소와 관련된 일을 떠올려 보세요.

언제 가장 즐거웠나요?	어디에서 즐거운 일이 있었나요?
언제 가장 슬펐나요?	어디에서 슬픈 일이 있었나요?
언제 가장 억울했나요?	어디에서 억울한 일이 있었나요?

KEY POINT

지난 일을 떠올릴 때는 일기의 내용이나 휴대 전화에 저장된 사진을 살펴보는 것도 좋아요.

2. 글감과 관련된 생각 펼치기

생활글의 글감을 정했으면 그때의 생각을 떠올려 보아요.
다음 예시 를 보면서 글감과 관련된 생각을 펼치는 방법을 알아보아요.

예시

머릿속에 떠오르는 생각,
느낌, 이미지 등을 쓰면 돼요.

엄마가 미웠다.

공부하기
싫어졌다.

가방 정리하고
공부하려고
했는데 억울했다.

엄마에게
공부 안 한다고
꾸중 들은 일

공부를 안 해도 되는
3살 동생이
부러웠다.

너무 속상해서
눈물이 날 뻔했다.

아무도 내 마음을
몰라주는 것
같았다.

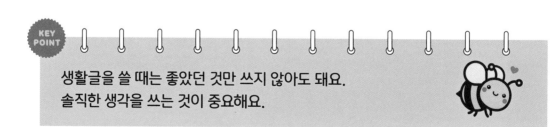

KEY POINT

생활글을 쓸 때는 좋았던 것만 쓰지 않아도 돼요.
솔직한 생각을 쓰는 것이 중요해요.

여러분은 어떤 생활글을 쓸지 정했나요?
여러분이 정한 글감과 관련된 생각을 동그라미 안에 써 보세요.

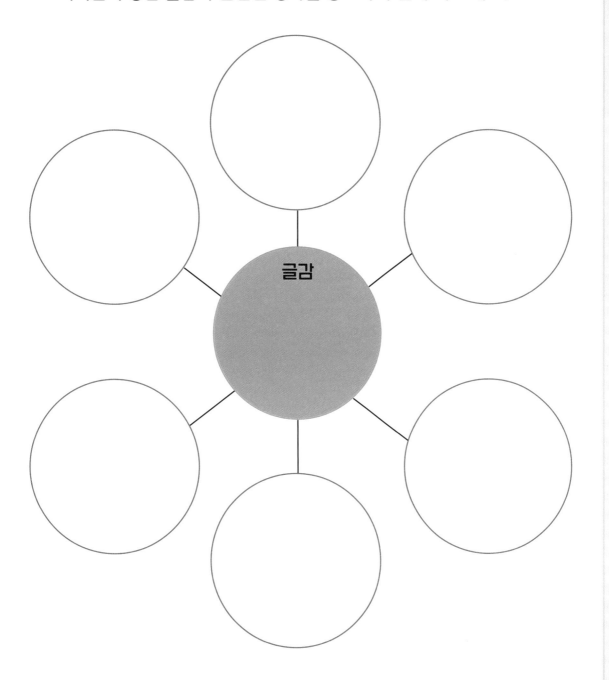

글감

3. 생활글 개요 짜기

 생활글은 처음, 중간, 끝 부분으로 짜여져 있어요.
생활글의 개요 짜는 방법을 알아보아요.

생활글은 처음, 중간, 끝 부분으로 짜여져 있어요.

생활글의 짜임

글의 짜임은 글을 주제와 목적에 맞게 늘어놓는 것을 말해요. 글의 짜임은 글의 종류에 따라 다를 수 있어요.

글의 짜임을 알면 글을 읽는 사람이 내용을 쉽게 이해할 수 있어서 글쓴이가 무엇을 말하려고 하는지 정확하게 파악할 수 있어요. 또 글의 중요한 내용을 쉽게 요약할 수 있답니다.

생활글은 처음, 중간, 끝 부분으로 짜여져 있어요. 생활글을 잘 쓰려면 자신의 경험을 시간에 따라 나열하는 것이 아니라 사건의 흐름과 갈등에 따라 쓰는 것이 좋아요.

처음 부분

누구와 언제 어디에서 있었던 일인지 밝히고, 글을 읽는 사람의 흥미를 끌 수 있도록 씁니다.

중간 부분

어떤 일이 일어났는지 글을 읽는 사람이 궁금증이 생기기 않도록 경험한 일을 자세하고 생생하게 씁니다.

끝 부분

사건을 겪으면서 보고, 듣고, 생각하고, 느낀 점을 솔직하게 씁니다.

 KEY POINT 개요란 간결하게 추려 낸 주요한 내용으로 처음, 중간, 끝 부분에 어떤 내용을 쓸지 미리 계획하는 거예요.

✏️ 생활글의 처음 부분은 어떻게 써야 할까요?
다음 예시 를 보고, 글감을 정해 '나의 글'의 처음 부분을 써 보세요.

처음 부분

 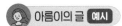 아름이의 글 예시

• 언제 일어난 일인가요? 어제 저녁   • 누구와 관계된 일인가요? 엄마   • 어디에서 일어난 일인가요? 집에서

대화체로 시작하기	흉내 내는 말로 시작하기
"엄마! 가방 정리하고 숙제 하려고 했단 말이에요." 어제저녁, 가족들과 저녁 식사를 한 뒤에 나는 숙제를 하려고 내 방으로 갔다. 엄마는 나를 따라 내 방으로 들어오셨다.	'훌쩍훌쩍' 왈칵 눈물이 쏟아질 것 같은 하루였다. 어제저녁, 가족들과 저녁 식사를 한 뒤에 나는 숙제를 하려고 내 방으로 갔다. 엄마는 나를 따라 내 방으로 들어오셨다.

나의 글

• 언제 일어난 일인가요?_____   • 누구와 관계된 일인가요?_____

• 어디에서 일어난 일인가요?_____

대화체로 시작하기	흉내 내는 말로 시작하기

 KEY POINT 처음 부분에는 대화체나 흉내 내는 말 이외에도 때, 장소, 결과 등으로 시작하기도 해요.

생활글의 중간 부분은 어떻게 써야 할까요?
다음 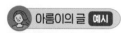 예시 를 보고, '나의 글'의 중간 부분을 써 보세요.

중간 부분

아름이의 글 예시

어떤 일이 일어났나요?	누가 어떻게 행동했나요?
가방이 지저분해서 가방 정리를 하고 난 뒤에 숙제를 하려고 했는데 갑자기 엄마에게 혼났다.	엄마가 내 방에 들어오셔서 방 정리도 안 하고 공부도 안 한다면서 화를 내셨다.

나의 글

어떤 일이 일어났나요?	누가 어떻게 행동했나요?

 중간 부분은 보고, 듣고, 느끼고, 냄새 맡은 것들을 자세하게 쓰면 글이 더 풍부해져요.

생활글의 끝 부분은 어떻게 써야 할까요?
다음 예시 를 보고, '나의 글'의 끝 부분을 써 보세요.

끝 부분

 아름이의 글 예시

사건을 겪으면서 느낀 점은 무엇인가요?
나의 마음을 알아주지 않는 엄마가 미웠다. 그래서 속상하고 억울했다.

나의 글

사건을 겪으면서 느낀 점은 무엇인가요?

 끝 부분에는 사건의 결과와 그 사건을 겪으면서 글쓴이가 느끼거나 깨달은 점이 잘
드러나야 해요.

✏️ 생활글을 쓸 때는 육하원칙에 맞게 글을 써야 해요.
다음 예시 를 보면서, 육하원칙에 맞게 글을 쓰는 방법을 알아보아요.

예시

육하원칙에 맞게 정리하기

- 언제 일어난 일인가요?
  어제 학교 수업이 끝난 뒤

- 어디에서 일어난 일인가요?
  집에서

- 누구와 있었던 일인가요?
  언니와

- 무엇을 했나요?
  말다툼을 했다.

- 어떤 일이 있었나요?
  언니가 시험을 백 점 받았다고 내 방까지 찾아와 자랑했다.

- 왜 일어났나요?
  나는 수학 시험을 못 봐서 속상한데 언니가 백점 받았다고 자랑하니까 미웠다.

- 그래서 어떻게 되었나요?
  결국 언니랑 말다툼을 하고 서로 기분이 상해 토라지게 되었다.

육하원칙에 맞게 글쓰기

어제 학교 수업이 끝나고 계속 기분이 좋지 않았다. 수학 시험을 망쳤기 때문이다. 공부도 열심히 했는데 생각했던 것보다 문제가 너무 어렵게 나와서 많이 틀렸다. 속상해서 눈물이 날 것 같았다.

그때 언니가 학교에서 돌아왔다. 언니는 수학 시험을 백 점 받았다며 엄마에게 자랑을 하고 칭찬을 받았다. 그러고는 내 방에 들어와 시험을 잘 봤다고 자랑하기 시작했다. 나는 화가 나서 언니에게 "시끄러우니까 나가라고!" 하며 소리쳤다. 언니는 갑자기 왜 그러냐며 기분 나쁘다고 화를 냈다.

결국 언니와 말다툼을 하고는 서로 기분이 상해 토라지게 되었다. 내 맘도 모르고 자랑만 하는 언니가 미웠던 하루였다.

육하원칙이란 글을 쓸 때 지켜야 하는 기본 원칙을 말해요.
'언제, 어디서, 누가, 무엇을, 어떻게, 왜' 이렇게 여섯 가지랍니다.

여러분이 정한 글감에 맞춰 개요를 정리했나요?
앞에서 짠 개요를 바탕으로 육하원칙에 맞게 글을 써 보세요.

육하원칙에 맞게 정리하기

- 언제 일어난 일인가요?

- 어디에서 일어난 일인가요?

- 누구와 있었던 일인가요?

- 무엇을 했나요?

- 어떤 일이 있었나요?

- 왜 일어났나요?

- 그래서 어떻게 되었나요?

육하원칙에 맞게 글쓰기

KEY POINT

문장을 짧고 간결하게 쓰면 읽기 편하고 내용도 잘
전달돼요.

일기는 생활하면서 겪은 일 중에서 기억에 남는 일을 쓴 글이에요.
다음 예시를 보면서 일기 쓰는 방법을 알아보아요.

예시

20XX년 XX월 XX일 ☀ ⛅ 🌧 ❄

제목: 달콤 아삭 바삭! 탕후루의 맛

• 어디에서 일어난 일인가요?

집에서 있었던 일

• 누구와 어떤 일이 일어났나요?

언니와 함께 탕후루를 만들었다.

• 어떤 생각이 들었나요?

달콤하고 아삭 바삭한 탕후루 만들기가 정말
재미있었고, 탕후루를 성공해서 즐거웠다.

• 반성할 점이나 감사한 점은 무엇인가요?

탕후루를 만들어서 부엌이 엉망이 되었다.

부엌을 정리하지 못해서 부모님께

죄송한 마음이 들었다.

20XX년 XX월 XX일 ☀ ⛅ 🌧 ❄

제목: 달콤 아삭 바삭! 탕후루의 맛

토요일이다. 학교에 가지 않아서 신난다.
언니가 탕후루를 만들자고 했다. 나도 좋다
고 했다. 엄마와 아빠도 허락을 해 주셨
다. 언니와 나는 딸기를 설탕을 녹인 물에
담갔다가 꺼냈다. 딸기에 덮인 설탕물이
울퉁불퉁했다. 하지만 맛은 달콤하고 아삭
바삭했다. 너무 신났다. 그런데 부엌에 설
탕물이 튀어서 엉망이 되었다. 엄마와 아
빠가 부엌을 보시더니 우리와 함께 정리
해 주셨다. 그 모습을 보니 부엌을 정리하지
못해서 부모님께 죄송한 마음이 들었다.

오늘 겪었던 일 중에서 어떤 일이 기억에 남나요?
겪었던 일을 정리하고, 일기를 써 보세요.

20　년　월　일　☀ ⛅ 🌧 ❄

제목:

• 어디에서 일어난 일인가요?

• 누구와 어떤 일이 일어났나요?

• 어떤 생각이 들었나요?

• 반성할 점이나 감사한 점은 무엇인가요?

20　년　월　일　☀ ⛅ 🌧 ❄❄

제목:

기행문은 여행하면서 보고 듣고 느낀 것을 적은 글이에요.
다음 예시 를 보면서 기행문 쓰는 방법을 알아보아요.

예시

- 누구와 어디로 여행을 갔나요?
  가족들과 충청북도 단양에
  다녀온 일

- 여행을 간 곳에서 가장 기억이 남는
  것은 무엇인가요?
  스카이워크에 올라갔던 일

- 여행을 하면서 새로 알게 된 사실은
  무엇인가요?
  아빠가 겁이 많다는 걸
  알게 되었고 단양 사람들이
  친절하다는 것을 알게 되었다.

- 여행을 하면서 느낀 점은
  무엇인가요?
  힘이 세고 씩씩해 보이던 아빠
  가 스카이워크에서 무서워하는
  모습을 보고 '아빠도 나처럼
  무섭고 힘든 것이 있구나!' 하고
  느꼈다.

　지난 주말에 가족들과 함께 충청북도 단양에 다녀왔다. 경치도 아름답고 볼거리도 많아서 정말 즐거운 여행이었다. 특히 스카이워크에 올라갔던 일이 가장 기억에 남는다.

　스카이워크는 유리로 된 다리 위를 걷는 곳이다. 아래를 내려다보면 마치 공중에 떠 있는 것처럼 보여서 조금 무서웠다. 그런데 아빠가 손을 꼭 쥐고 천천히 걷는 모습을 보고 깜짝 놀랐다. 그때 '아빠도 나처럼 무섭고 힘든 것이 있구나!' 하고 느꼈다. 그래서 아빠 손을 꼭 잡아드렸더니, 아빠가 "고마워."라고 말하며 웃으셨다. 나는 정말 뿌듯했다.

　단양에서 만난 사람들은 모두 친절했다. 맛집을 찾으려고 길을 물어봤는데, 지나가던 할머니가 자세히 알려 주셨다. 그리고 식당 아주머니도 우리가 음식을 다 먹고 나니 "맛있게 잘 먹었니?"라고 물어보며 따뜻하게 대해 주셨다.

　이번 여행을 통해 새로운 곳을 보고 느낀 것도 많았지만, 무엇보다 아빠에 대해 새롭게 알게 된 점이 기억에 남는다. 나중에 기회가 된다면 단양에 또 가 보고 싶다.

여러분이 가장 기억에 남는 여행은 무엇인가요?
기억에 남는 여행지를 떠올리며 기행문을 써 보세요.

• 누구와 어디로 여행을 갔나요?

• 여행을 간 곳에서 가장 기억이 남는 것은
무엇인가요?

• 여행을 하면서 새롭게 알게 된 사실은
무엇인가요?

• 여행을 하면서 느낀 점은 무엇인가요?

글쓰기를 해 봐요

 다음 예시를 보면서, 글의 짜임에 맞게 글을 쓰는 방법을 다시 확인해 보아요.

예시

처음 부분

언제, 누구와 어디에서 있었던 일인가요?

제목: 엄마 미워!

어제 저녁, 가족들과 저녁 식사를 한 뒤에 나는 숙제를 하려고 내 방으로 갔다. 엄마는 나를 따라 내 방으로 들어오셨다.

중간 부분

어떤 일이 있었나요?

나는 가방이 지저분해서 가방을 정리하고 난 뒤에 숙제를 하려고 했는데, 갑자기 엄마가 내 방에 들어와서 방 정리도 안 하고 공부도 안 한다면서 화를 내셨다. 난 가방을 정리하고 공부를 하려고 했다고 말했지만 엄마는 나의 말을 믿지 않는 것 같았다.

끝 부분

사건을 겪으면서 느낀 점은 무엇인가요?

나의 마음을 몰라주고 화를 내는 엄마가 미웠다. 엄마의 잔소리를 듣고 나니 갑자기 숙제도 하기 싫어졌다. 속상하고 억울해서 눈물이 날 것 같았다. 공부를 안 해도 되는 3살 동생이 부러웠다. 나도 다시 3살 때로 돌아가고 싶어졌다.

✏️ 생활글의 글감을 정해서 글의 짜임에 맞게 글을 써 보세요.

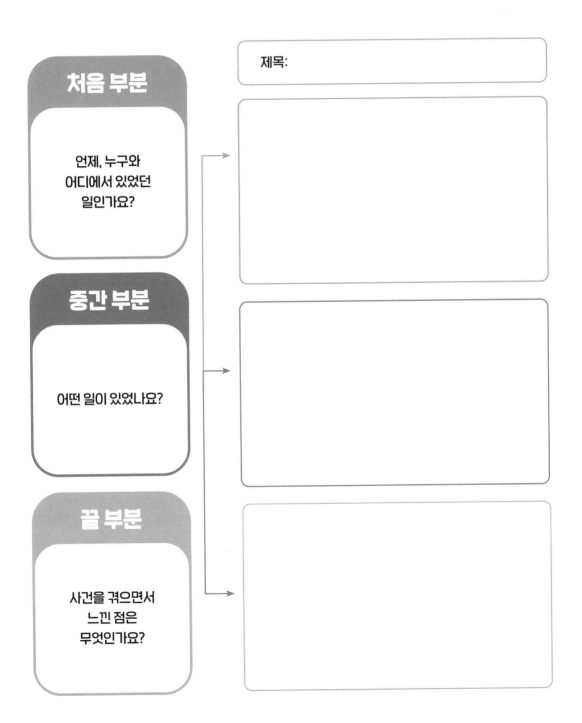

처음 부분

언제, 누구와
어디에서 있었던
일인가요?

중간 부분

어떤 일이 있었나요?

끝 부분

사건을 겪으면서
느낀 점은
무엇인가요?

제목:

앞에서 정리한 내용을 바탕으로 자세하고 생생하게 생활글을 써 보세요.

제목:

앞에서 쓴 글을 읽고, 빈칸에 V표 해 보세요.

내용	체크
언제, 어디에서 겪었던 일인지 작성하였나요?	
어떤 일이 있었는지 자세하고 생생하게 작성하였나요?	
대화체, 흉내 내는 말을 적절하게 사용하였나요?	
겪었던 일에 대한 나의 감정이 잘 표현되었나요?	
글의 흐름이 매끄럽게 연결되었나요?	
맞춤법, 띄어쓰기가 바르게 되었나요?	
글의 내용과 제목이 어울리나요?	

KEY POINT

생활글을 다 쓰고 나면 천천히 읽어 보면서
잘못된 부분을 다듬고 고치는 것이 좋아요.
글을 여러 번 다듬고 고치면 처음 쓴 글보다
훨씬 좋은 글이 된답니다.

한눈에 정리하는 생활글

1. 생활글이란 무엇일까요?

생활글은 우리가 일상에서 겪은 일을 중심으로 쓰는 글을 말해요. 평소에 내가 겪은 일 중 기억에 남는 사건이나 흥미로운 이야기로 한 편의 생활글을 완성할 수 있어요.

2. 생활글은 어떻게 쓸까요?

❶ **처음 부분:** 누구와 언제, 어디에서 있었던 일인지 써요.
❷ **중간 부분:** 겪었던 일을 자세하고 생생하게 써요.
❸ **끝 부분:** 겪었던 일을 통해 느낀 생각이나 깨달은 점을 써요.

3. 생활글을 잘 쓰려면?

❶ 누가, 언제, 어디에서 겪은 일인지 자세히 써요.
❷ 겪었던 일을 통해 느낀 점이나 감정을 자세히 써요.
❸ 대화체나 흉내 내는 말을 넣으면 생동감 있는 글을 완성할 수 있어요.

4. 생활글의 다양한 형식

생활글은 여러 가지 형식으로 쓸 수 있어요. 그중 일기 형식의 생활글은 하루 동안 겪은 일을 시간 순서대로 쓰는 글이고, 편지 형식의 생활글은 친구나 가족에게 편지를 쓰듯이 일어난 일을 쓰는 글이에요. 또 감상 글 형식의 생활글은 인상 깊었던 일을 중심으로 생각과 느낌을 쓰는 글이고, 기행문 형식의 생활글은 여행을 하면서 겪은 일, 보고, 듣고, 생각하고, 느낀 것을 쓰는 글이랍니다.

생활글 핵심어를 잡아요

생활글을 쓸 때 꼭 알아야 할 핵심어를
찾아 낚싯줄로 연결하세요.

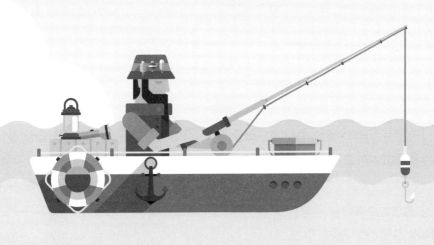

근거

정보

일상

편지

사건

상상

감정

설명

주장

생각

말랑말랑 편지글 쓰기

안녕? 너는 보고 싶은 친구가 있니? 그 친구에게 편지를 써 보는 건 어때? 나와 함께 편지글 쓰는 방법을 알아보자.

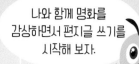

나와 함께 명화를
감상하면서 편지글 쓰기를
시작해 보자.

◈ 이 사람은 무엇을 하고 있나요?

◈ 누구에게 편지를 썼을까요?

◈ 무슨 내용으로 편지를 썼을까요?

이 그림은 미국의 화가 메리 카셋이 그린 〈편지〉입니다.
그림 속 사람을 자세히 살펴볼까요?

이 사람은 책상 앞에서 무엇을 하고 있을까요? 편지봉투에 침을 바르고 있는 것을 보니 다 쓴 편지를 보내려고 하는 것 같아요. 이 편지에는 어떤 내용이 담겨 있을까요?

편지는 안부나 소식 등을 상대에게 적어 보내는 글이에요. 그래서 편지는 반드시 받는 사람이 있어야 해요. 편지를 쓸 때는 쓰는 목적이 정확해야 하고 쓰는 사람의 마음이나 생각이 잘 드러나야 해요.

요즘은 직접 손으로 편지글을 쓰지 않고, 인터넷 메신저나 전자 우편, 에스엔에스(SNS) 등을 이용해서 안부를 묻거나 소식을 전하는 일도 많아졌어요.

편지글은 쓰는 형식이 정해져 있어요. 꿀꺽이와 함께 편지글을 쓰는 방법을 알아볼까요?

편지글1

생각을 열어요

여러분은 다른 사람에게 어떻게 마음을 전하나요?
마음을 전하는 여러 가지 방법을 떠올려 보세요.

시골에 계신
할머니께 안부
전화를 드렸어요.

엄마께 감사한 마음을
전달하려고 직접
고맙다고 말했어요.

가장 친한 친구의 생일날,
편지를 썼어요.

다른 나라로 이민 간 친구에게
전자 우편으로 우리 반 소식을
전했어요.

아빠께 일찍 들어오시라고
문자 메시지를 보냈어요.

편지글이란 무엇일까요?

여러분은 다른 사람과 소통할 때 어떤 방법을 많이 사용하고 있나요? 가장 쉬운 소통의 방법은 직접 말을 하는 거지요. 하지만 말로 전하지 못하는 부분도 있어요. 그럴 때 우리는 편지를 써서 나의 마음을 전하기도 합니다.

편지글이란 안부나 소식을 상대에게 전달하기 위해 쓰는 글을 말해요. 상대와 직접 얼굴을 보고 하는 말과 다르게 글로 전달하는 편지는 내 생각과 마음이 충분히 전달될 수 있도록 예의를 지켜야 해요.

그래서 편지글은 형식이 정해져 있어요. 편지글에는 받는 사람, 첫인사, 전하고 싶은 말, 끝인사, 쓴 날짜, 보내는 사람을 꼭 넣어야 해요. 편지글은 여러 사람을 대상으로 쓴 글이 아니라 특정한 사람을 대상으로 쓰는 글이기 때문에 '전하고 싶은 말'에 편지를 쓴 이유가 잘 드러나도록 써야 해요.

편지를 쓸 때 꼭 기억해야 할 것!

❶ 받는 사람이 상대방의 메시지를 정확하게 알 수 있어야 해요.
❷ 편지를 쓰는 형식에 맞게 써야 해요.
❸ 자신이 전달하려는 내용이 잘 드러나게 써야 해요.
❹ 상대방에게 예의를 갖추어 써야 해요.

편지글 3 **글쓰기 디자인을 해 봐요**

1 편지를 쓰고 싶은 사람 정하기

2 상황에 맞는 마음 전달 방법 찾기

3 편지글 개요 짜기

4 편지글 형식에 맞춰서 내용 정리하기

5 글로 전달하는 다양한 소통 방법 알아보기

1. 편지를 쓰고 싶은 사람 정하기

 편지글은 내 마음을 상대에게 전하는 글이에요.
어떤 상황에서 누구에게 편지를 쓸 수 있는지 알아보아요.

어떤 상황인가요?	누구에게 쓸 수 있나요?
어버이날, 스승의 날, 생일처럼 축하해야 할 일이 생겼을 때	부모님, 선생님, 생일을 맞은 사람에게 축하 편지를 써요.
감사해야 할 일이 생겼을 때	나에게 도움을 준 사람에게 감사 편지를 써요.
사과해야 할 일이 있을 때	내가 잘못한 사람에게 사과 편지를 써요.
생일잔치나 발표회처럼 다른 사람을 초대해야 할 때	행사에 초대하고 싶은 사람에게 장소와 시간을 알려 주는 초대장을 써요.
안부가 궁금하거나 안부를 전해야 할 때	예전 담임 선생님, 이사 간 친구 등 자주 만나지 못하는 사람에게 안부 편지를 써요.

 내 마음을 전할 사람이 있나요?
어떤 상황에서 누구에게 편지를 쓰고 싶은지 써 보세요.

편지글은 편지를 쓰는 이유와 전하고 싶은 마음을 잘 정리해야 해요.
다음 예시 를 보고, 상황에 맞는 마음 전달 방법을 알아보아요.

예시

어떤 상황인가요?	어떤 마음이 드나요?	어떤 말을 해야 할까요?
학교 끝나고 친구랑 같이 집에 가기로 했는데, 친구가 혼자 가 버렸다.	친구가 약속을 지키지 않아서 속상했다.	○○야! 어제 우리 같이 집에 가기로 했는데, 네가 약속을 안 지키고 먼저 가서 나는 조금 속상했어. 무슨 일 있었니?
엄마가 숙제를 다 끝내고 게임을 하라고 했는데, 숙제를 다 하지 않고 게임을 해서 많이 혼났다.	엄마랑 한 약속을 지키지 않아서 죄송했다.	엄마, 약속을 지키지 않아서 죄송해요. 이제부터는 숙제를 다 끝내고 게임을 할게요.
2학년 때 담임 선생님이 다른 학교로 전근 가신다는 소식을 들었다.	좋아하는 선생님을 앞으로는 못 뵙게 되어서 슬펐다.	선생님, 전근을 가신다는 소식을 들었어요. 앞으로 학교에서 선생님을 못 뵌다고 생각하니 슬퍼요.

 KEY POINT

내가 편지를 쓴 이유와 전하고 싶은 마음을 자세히 써서 보내면
받는 사람은 보낸 사람의 마음을 그대로 느낄 수 있겠죠?

✏️ 다음 상황에서는 어떤 마음이 들고, 어떤 말을 해야 하는지 빈칸에
써 보세요.

어떤 상황인가요?	어떤 마음이 드나요?	어떤 말을 해야 할까요?
교과서를 깜빡하고 안 가져왔는데, 짝꿍이 함께 보자고 했다.		
추석에 할머니를 뵈러 갔는데, 건강이 안 좋아 보이셨다.		
체육 시간에 피구를 했는데, 내가 던진 공에 친구가 맞아서 코피가 났다.		

편지글은 쓰는 형식이 정해져 있어요.
편지글의 형식에 맞춰 개요 짜는 방법을 알아보아요.

편지글의 형식

편지글은 형식이 정해져 있어요. 받는 사람, 첫인사, 전하고 싶은 말, 끝인사, 쓴 날짜, 보낸 사람이 꼭 들어가야 해요. 편지를 받을 사람에 따라서 예의를 갖춰서 써야 해요.

편지를 다 쓴 뒤에 새롭게 하고 싶은 말이 있거나 빠진 내용이 생각났을 때는 편지의 남은 자리에 글을 추가해서 쓸 수 있어요.

받는 사람
친구에게 쓸 때에는 'OO에게', 'OOO야' 등 자연스럽게 부르면 되지만, 웃어른에게 쓰는 편지에서는 'OO께' 등으로 예의를 갖추어 써야 해요.

첫인사
받는 사람의 안부를 묻거나 자기 안부를 써요. 계절과 관련하여 인사를 하면 좋아요.

전하고 싶은 말
편지를 쓴 목적을 정확히 써야 해요. 내 마음을 표현하는 단어를 잘 선택하면 전달하기 쉬워져요.

끝인사
헤어질 때 인사를 하듯이 편지에도 끝인사가 꼭 있어야 해요. 상대방의 행복을 빌면서 끝내는 것이 좋아요.

쓴 날짜
편지에는 반드시 쓴 날짜를 써야 해요.

보낸 사람
편지글 마지막에는 보낸 사람이 누구인지 써야 해요. 이름 뒤에 '올림, 드림, 씀, 보냄' 등을 쓰는데, 상대방에 맞게 써요.

다음 예시 를 보고, 편지글의 형식에 맞춰 개요를 써 보세요.

예시

받는 사람	아름이에게
첫인사	아름아, 안녕? 잘 지내고 있니?
전하고 싶은 말	이번 주 토요일이 내 생일이야. 내 생일 파티에 너를 초대하고 싶어. 장소는 OOO 키즈 카페이고, 시간은 오후 12시야. 너랑 같이 재미있게 놀고 싶어. 시간 되면 꼭 와 줘.
끝인사	부모님께 여쭤보고 연락 줘.
쓴 날짜	20XX년 X월 X일
보낸 사람	너의 친구 준희가

나의 글

받는 사람	
첫인사	
전하고 싶은 말	
끝인사	
쓴 날짜	
보낸 사람	

4. 편지글 형식에 맞춰 내용 정리하기

✏️ 다음 예시를 보고, 누구에게 어떤 내용으로 편지를 쓸지 '나의 글'에 써 보세요.

누구에게 쓰고 싶나요? 미국으로 이민 간 친구에게

첫인사는 어떻게 써야 할까요? 요즘 한국은 날이 무척 덥단다. 네가 사는 곳은 날씨가 어떠니?

전하려고 하는 말은 무엇인가요? 너랑 놀았던 놀이터를 지나다 함께 타던 그네를 보고 네가 보고 싶어졌어. 학교 소식도 전해 주고 싶고, 네 생활도 궁금해.

끝인사는 어떻게 써야 할까요? 미국에서도 건강하고 행복하기를 바랄게.

쓴 날짜와 보낸 사람 20XX년 XX월 XX일 아름이가

👦 나의 글

누구에게 쓰고 싶나요?

첫인사는 어떻게 써야 할까요?

전하려고 하는 말은 무엇인가요?

끝인사는 어떻게 써야 할까요?

쓴 날짜와 보낸 사람

다음 예시 를 보고, 앞에서 정리한 내용을 바탕으로 편지글 형식에 맞춰 편지를 써 보세요.

예시

그리운 준수에게

잘 지내고 있어? 너랑 같이 학교 다니던 때가 벌써 그립네. 미국으로 이사 간 뒤로 어떻게 지내는지 궁금해. 우리 친구들은 잘 있어. 너와 함께 가던 놀이터도 그대로야. 가끔 거기 갈 때마다 우리 같이 놀던 기억이 많이 떠오르곤 해. 우리 반 희수랑 연주도 너를 많이 보고 싶어 해. 우리가 쉬는 시간에 네 얘기를 하면서 많이 웃었어. 미국 생활은 어때? 새로운 친구들은 많이 사귀었는지, 학교생활은 재미있는지 궁금해. 네 소식도 듣고 싶어.

다시 만날 수 있기를 기대하며 이 편지를 마칠게.

20XX년 XX월 XX일
아름이가

 나의 글

전하고자 하는
내용을 솔직하게
써야 해.

문자 메시지나 메신저를 통해 소식과 안부를 주고받기도 해요.
문자 메시지와 메신저를 잘 쓰는 방법을 알아보아요.

문자 메시지나 메신저를
이용하면 소식을 빨리
주고받을 수 있어.

줄임말이나 이모티콘을
너무 많이 쓰지
않도록 해.

줄임말을 많이 쓰면 정확한
내용을 알 수
없을 때도 있어.

KEY POINT

문자 메시지나 메신저를 이용할 때도 첫인사를 하는 게 좋아요. 이모티콘을
사용할 때는 간단한 내용을 함께 써야 상대방이 오해하지 않아요.

✏️ 인터넷으로 편지를 주고받는 것을 전자 우편이라고 해요.
전자 우편을 쓰는 방법을 알아보아요.

● ● ●   **New message**

예약   임시저장   미리보기   템플릿   내게쓰기   ☆   ☰

메일 제목 쓰기	전자 우편을 보내는 목적이 나타나도록 쓰세요. (예: 사회 과제를 제출합니다)
내용 쓰기	편지글처럼 '받는 사람, 첫인사, 전달하려는 내용, 간단한 끝인사, 보낸 사람'을 넣어서 쓰세요.
주의 사항	1. 상대방의 전자 우편 주소를 꼭 확인하세요. 2. 기본으로 갖추어야 할 내용을 다 썼는지 확인하세요. 3. 파일 첨부 여부를 확인하세요.

▼ │ 📎 🖼️ ☺ 🔍   보내기

 선생님께 과제를 제출하는 내용으로 전자 우편을 써 보세요.

● ● ●   **New message**

예약   임시저장   미리보기   템플릿   내게쓰기   ☆   ☰

제목 _____

보내는 사람 _____

받는 사람 _____

제목 _____

내용

┌───┐
│   │
│   │
│   │
│   │
│   │
└───┘

첨부: 파일 첨부하기

▼ │ 📎 🖼️ ☺ 🔍   보내기

글쓰기를 해 봐요

 편지를 쓰고 싶은 사람에게 편지를 써 보세요.

앞에서 쓴 글을 읽고, 빈칸에 V표 해 보세요.

내용	체크
편지 쓰기 개요에 맞춰서 줄바꿈을 했나요?	
편지를 쓰게 된 이유가 명확하게 잘 드러났나요?	
내 마음을 표현하는 단어를 적절하게 잘 사용했나요?	
받는 사람, 첫인사, 끝인사, 쓴 날짜, 보낸 사람을 정확하게 썼나요?	
글의 흐름을 매끄럽게 연결하였나요?	
맞춤법, 띄어쓰기 등도 올바르게 작성되었나요?	
위의 체크 항목에서 수정해야 할 부분을 고쳐쓰기 했나요?	

KEY POINT

잠깐만요! 글을 다 작성했는데 왜 점검하냐고요?
모든 글의 완성은 고쳐쓰기에 있습니다!
글의 전체 내용, 문단과 문장 등을 다시 꼼꼼히
읽어 보며 잘못된 표현이나 필요 없는 내용을
수정해 보세요. 이렇게 내 글을 점검하고 고쳐쓰다
보면 글의 흐름이 매끄러워지고 더 완성도 높은
글이 됩니다!

한눈에 정리하는 편지글

1. 편지글이란 무엇일까요?

편지글이란 하고 싶은 말을 직접 전달하지 않고 글로 써서 전하는 것을 말해요. 상대방과 직접 얼굴을 보고 하는 말과 다르게 글로 전달하는 편지는 내 생각과 마음이 충분히 전달될 수 있도록 세심하게 써야 해요. 그리고 편지는 여러 사람을 대상으로 쓴 글이 아니라 특정한 한 사람을 대상으로 쓰는 글이기 때문에 내 마음이 온전히 전해질 수 있어야 해요.

2. 편지글은 어떻게 쓸까요?

❶ 받는 사람	받는 사람이 누구인지 써요.
❷ 첫인사	받는 사람의 안부를 묻거나 자기 안부를 짧게 써요.
❸ 전하고 싶은 말	편지를 쓴 이유와 하고 싶은 말을 써요.
❹ 끝인사	상대를 축복해 주는 인사말로 마무리해요.
❺ 쓴 날짜	편지 쓴 날짜를 써요.
❻ 보낸 사람	상대방을 부르는 호칭에 맞게 써요.

3. '편지'를 쓸 때에는 이것만 기억해요!

누구에게, 어떤 마음을 전할지 떠올려 봐요. 그리고 마음을 전하는 이유가 잘 드러나게 자세히 쓰는 거예요.

편지글 핵심어를 잡아요

편지글을 쓸 때 꼭 알아야 할 핵심어를
찾아 낚싯줄로 연결하세요.

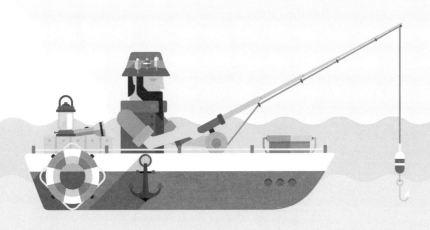

인물

주장

정보

전하고
싶은 말

받는 사람

진실

날짜

끝인사

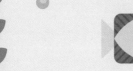
배경

설명

나풀나풀
동시 쓰기

안녕? 이번에는 동시를 알아볼 거야. 동시를 잘 쓰고 싶으면 나를 따라와 봐.

🔷 그림에서 무엇이 보이나요?

🔷 그림을 보고 무슨 생각이 드나요?

🔷 그림 속 벌레들은 무엇을 하고 있을까요?

이 작품은 신사임당이 그린 것으로 알려진 초충도 중 하나인 〈가지와 방아깨비〉예요. 이렇게 풀과 벌레를 그린 그림을 '초충도'라고 해요. 초충도에 그리는 풀과 벌레는 자손의 번창, 풍요, 장수, 출세 등을 뜻해요.

신사임당은 조선 시대를 대표하는 화가예요. 신사임당은 주변에 있는 사물을 세심하게 살펴보고 아름다운 그림으로 그렸어요. 특히 풀과 벌레를 잘 그렸지요.

이번에 알아볼 동시는 '초충도' 그림처럼 어떠한 대상을 세심하게 살펴보고 써야 해요. 동시는 어린이를 대상으로 우리 주변의 모든 것에 대해 자신이 느끼고 생각한 것을 노랫말처럼 짧게 쓴 시를 말해요. 여러분이 이 그림을 보고, 동시를 쓰려면 어떻게 해야 할까요? 나비와 벌이 어떻게 날고 있나요? 탐스러운 가지가 달려 있는 모습을 보고 어떤 생각이 드나요? 개미는 어디로 가고 있을까요? 방아깨비는 무엇을 보고 있을까요?

주변을 자세히 관찰해 자신만의 표현으로 바꿔 본다면 재미있는 동시를 쓸 수 있을 거예요. 이제부터 여러분이 관찰한 대상을 동시로 표현하는 방법을 알아볼 거예요.

자, 지금부터 꿀꺽이와 동시 여행을 떠나 볼까요?

생각을 열어요

 여러분은 유리창에 떨어지는 빗방울을 본 적이 있나요?
유리창에 떨어진 빗방울을 보면서 떠오르는 생각을 말해 보세요.

동시란 무엇일까요?

동시는 어린이를 대상으로 우리 주변의 모든 것을 눈여겨보고 자신이 느끼고 생각한 것을 노랫말처럼 짧게 쓴 시를 말해요.

동시는 연과 행이 나누어져 있고, 노래처럼 운율이 있어요. 동시에 쓰이는 말은 모양, 소리, 빛깔, 맛, 냄새, 촉각 등을 다양하게 표현한다는 것이 특징이에요. 또 자신의 생각을 다른 사물에 빗대어 표현할 수도 있어요. 흉내 내는 말을 사용하여 생동감 있게 나타낼 수도 있어요.

동시라고 해서 어린이만 쓸 수 있는 글은 아니에요. 어른들도 어린이의 마음이 되어 쓸 수 있어요.

KEY POINT

동시의 특징

❶ 어린이를 위해 쓴 시예요.
❷ 노래처럼 운율(리듬)이 느껴져요.
❸ 행과 연으로 나누어져요.
❹ 비유와 상징이 많아요.

글쓰기 디자인을 해 봐요

동시 3

1 글감 찾기

2 사물 관찰하기

3 다양한 표현으로 쓰기

4 연과 행 나누기

1. 글감 찾기

 동시의 글감을 찾으려면 어떻게 해야 할까요?
다음 물음에 답하면서 글감 찾는 연습을 해 보아요.

친구에게 어떤
이야기를 들었나요?

가장 기억에 남는
일은 무엇이었나요?

이야기를 듣고 어떤
느낌이 들었나요?

오늘 무엇을
보았나요?

오늘 하루를
한 단어로 표현한다면
무엇이 좋을까요?

그것을 보고 어떤
생각을 떠올렸나요?

동시를 쓰려면 주변에 있는 사물을 자세하게 관찰해야 해요.
다음 고양이를 보면서, 사물을 관찰하는 방법을 알아보아요.

귀여운 고양이네.
동그란 눈에 호기심이
가득 차 있는 것 같아.

고양이의 얼굴은 어떻게 생겼나요?
예시 동그란 얼굴에 쫑긋한 두 귀와 초롱초롱한 눈을 가지고 있고 코가 촉촉해 보여요.

고양이의 모습은 어떻게 생겼나요?
예시 몸에는 털이 많고 꼬리가 길어요. 발톱은 조금 날카로운 듯 뾰족해요.

고양이를 만지면 어떤 느낌이 들까요?
예시 털을 만지면 보드랍고 따뜻할 것 같아요.

고양이와 닮은 사람이 있나요?
예시 털 코트를 입은 귀여운 내 동생이 떠올라요.

다음 병아리를 자세하게 관찰하면서 물음에 답해 보세요.

병아리가 작고
귀여워서
마치 인형 같아.

병아리의 얼굴은 어떻게 생겼나요?

병아리의 모습은 어떻게 생겼나요?

병아리를 만지면 어떤 느낌이 들까요?

병아리와 닮은 사람이 있나요?

3. 다양한 표현으로 쓰기

 감각적 표현을 이용하면 동시를 생생하게 쓸 수 있어요.
사과를 관찰하고 감각적으로 표현하는 방법을 알아보아요.

촉각
만지면
맨들거려요.

시각
눈으로 보면
빨갛고 둥글어요.

미각
맛을 보면
새콤달콤해요.

후각
냄새는
달콤해요.

청각
사과를 씹으면 사각
거리는 소리가 나요.

 감각적 표현을 이용하여 짧은 글을 쓰는 방법을 알아보아요.

예시

붉은 보석처럼 반짝이는 사과,
한 입 베어 물면 입 안 가득히 달콤한 행복이 들어와요.

KEY POINT

감각적 표현은 눈으로 보고, 귀로 듣고, 입으로 맛보고, 코로 냄새를 맡고,
손으로 만지면서 알게 된 대상의 느낌을 생생하게 표현한 것을 말해요.

오이를 관찰하고, 감각적으로 표현해 보세요.

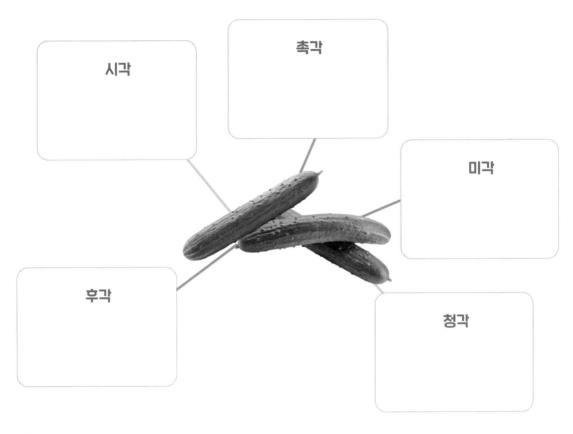

시각

촉각

미각

후각

청각

 감각적 표현을 이용하여 오이에 관한 짧은 글을 써 보세요.

KEY POINT

시각은 눈으로, 청각은 귀로, 후각은 코로, 미각은 혀로, 촉각은 피부로
받아들이는 감각을 말해요.

흉내 내는 말을 이용하면 동시를 더 생생하게 표현할 수 있어요.
다음 상황에서 쓸 수 있는 흉내 내는 말을 알아보아요.

소리를 흉내 내는 말

찌개가 <u>보글보글</u> 끓어요.

모양을 흉내 내는 말

엄마가 <u>활짝</u> 웃어요.

소리를 흉내 내는 말

아이들이 <u>헉헉</u> 가쁜 숨을 쉬었어요.

모양을 흉내 내는 말

아이들이 땀을 <u>뻘뻘</u> 흘리며 달려요.

흉내 내는 말은 사람이나 사물의 소리나 모양을 나타내는 말이에요.

✏️ 소리를 흉내 내는 말을 보기에서 찾아 빈칸을 채워 문장을 완성해 보세요.

보기　　　　우르르 쾅　컹컹　쿨쿨　딩동

아빠가 [　　　　] 낮잠을 자요.

천둥이 [　　　　] 쳐요.

초인종이 [　　　　] 울려요.

옆집 개가 [　　　　] 짖어요.

✏️ 모양을 흉내 내는 말을 보기에서 찾아 빈칸을 채워 문장을 완성해 보세요.

보기　　　나풀나풀　주룩주룩　폴짝폴짝　동글동글

나비가 [　　　　] 날아요.

개구리가 [　　　　] 뛰어요.

얼굴이 [　　　　] 해요.

소나기가 [　　　　] 내려요.

3. 다양한 표현으로 쓰기

 비유적 표현을 이용하면 더 생동감 있게 동시를 쓸 수 있어요.
비유적 표현 방법에는 무엇이 있는지 알아보아요.

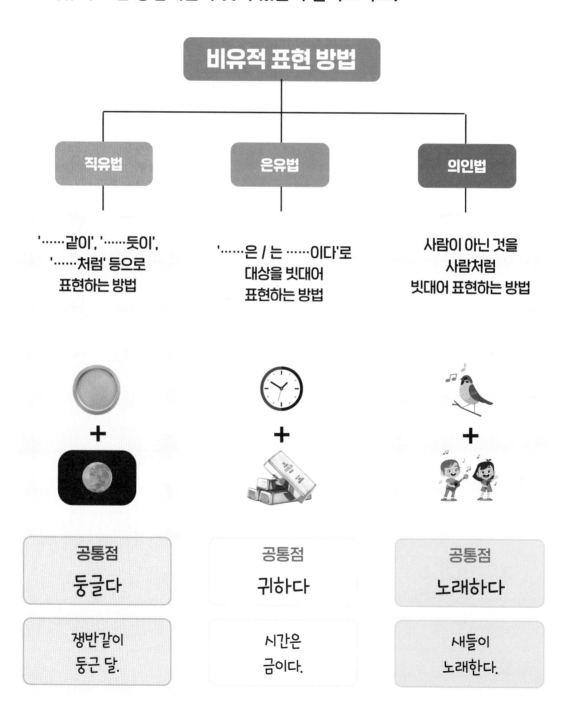

비유적 표현 방법

직유법	은유법	의인법
'……같이', '……듯이', '……처럼' 등으로 표현하는 방법	'……은 / 는 ……이다'로 대상을 빗대어 표현하는 방법	사람이 아닌 것을 사람처럼 빗대어 표현하는 방법

공통점 **둥글다**　　공통점 **귀하다**　　공통점 **노래하다**

쟁반같이 둥근 달.　　시간은 금이다.　　새들이 노래한다.

✏️ 다음 두 낱말을 이용하여 직유법을 연습해 보세요.

동생 / 강아지 [   ] 처럼 귀여운 [   ].

구름 / 솜사탕 [   ] 처럼 몽글몽글한 [   ].

✏️ 다음 두 낱말을 이용하여 은유법을 연습해 보세요.

아버지 / 등대 [   ] 는 내 인생의 [   ] 예요.

별 / 눈동자 희수의 [   ] 는 반짝이는 [   ] 이에요.

✏️ 다음 두 낱말을 이용하여 의인법을 연습해 보세요.

춤 / 나뭇잎 [   ] 이 [   ] 을 춘다.

달님 / 미소 [   ] 이 나를 보고 [   ] 를 지어요.

동시는 연과 행으로 나누어져 있어요.
연과 행이 무엇인지 알아보아요.

햇살

1연
┌ 이른 아침 햇살에 눈을 뜨면 ——————— 1행
│ 노오란 미소가 나를 따라와 ——————— 2행
└ 인사해요. ——————————— 3행

2연
┌ 노오란 빛은 친구를 닮아 ——————— 4행
│ 나의 마음까지 환하게 ——————— 5행
└ 물들이지요. ——————————— 6행

행은 동시의
한 줄 한 줄을 말해.

연은 행을
하나로 묶은 것을 말해.

<햇살>이라는 동시는
2연 6행으로
이루어져 있어.

KEY POINT

연은 하나의 의미가 형성될 때, 생각이 바뀔 때, 내용을 강조할 때 나눌 수 있어요. 연이 모여서 한 편의 동시가 완성돼요.

다음은 시인 윤동주가 지은 〈반딧불〉이에요.
이 시의 연을 구분해서 써 보세요.

반딧불

윤동주

가자 가자 가자
숲으로 가자
달 조각을 주우러
숲으로 가자
그믐밤 반딧불은
부서진 달 조각
가자 가자 가자
숲으로 가자
달 조각을 주우러
숲으로 가자

➡

반딧불

윤동주

1연

가자 가자 가자
숲으로 가자
달 조각을 주우러
숲으로 가자

2연

3연

 윤동주의 〈반딧불〉은 몇 연 몇 행인지 빈칸에 써 보세요.

윤동주의 〈반딧불〉은 [　] 연 [　] 행이에요.

글쓰기를 해 봐요

동시 4

 '친구'를 글감으로 동시를 쓰려고 해요.
다음 예시 를 보면서 동시에 쓸 내용을 정리해 보아요.

예시

친구를 생각하면 무엇이 떠오르나요?	나의 반쪽, 따뜻한 웃음, 소중한 선물, 빛나는 별
어떤 내용으로 동시를 쓰고 싶나요?	친구는 소중한 나의 반쪽이에요. 친구와 오랫동안 우정을 나누고 싶어요.
친구를 떠올리며 쓸 수 있는 흉내 내는 말은 무엇이 있나요?	하하, 반짝반짝, 땡글땡글
친구를 어떻게 표현하고 싶나요?	내 친구는 반짝반짝 빛나는 보석 같아요.

 친구에 대해서 정리한 내용을 바탕으로 동시 쓰는 연습을 해 보아요.

나의 소중한 반쪽

너는 반짝반짝 빛나는 보석
함께 있을 때는 마음이 포근
슬플 때도, 기쁠 때도 늘 곁에 있어.

친구야, 너는 나의 영원한 반쪽
우리의 우정은 언제나 빛날 거야.

'부모님'을 글감으로 동시를 쓰려고 해요.
다음 물음에 답하면서 동시에 쓸 내용을 써 보세요.

부모님을 생각하면 무엇이 떠오르나요?	
어떤 내용으로 동시를 쓰고 싶나요?	
부모님을 떠올리며 쓸 수 있는 흉내 내는 말은 무엇이 있나요?	
부모님을 어떻게 표현하고 싶나요?	

부모님에 대해서 정리한 내용을 바탕으로 동시를 써 보세요.

주변을 관찰하고 글감을 정한 후, 다양한 표현을 이용하여 자유롭게 동시를 써 보세요.

제목:

시의 구성 요소
· 주제(의미적 요소): 시에 담겨 있는 글쓴이의 생각이에요.
· 운율(음악적 요소): 시를 읽을 때 느껴지는 말의 가락이에요.
· 심상(회화적 요소): 시를 읽을 때 마음속에 떠오르는 모습이나 느낌이에요.

앞에서 쓴 글을 읽고, 빈칸에 V표 해 보세요.

내용	체크
글감과 어울리는 경험을 잘 표현했나요?	
다양한 표현 방법을 사용했나요?	
연과 행을 잘 나누었나요?	
운율이 잘 느껴지나요?	
내용이 함축적으로 쓰여졌나요?	
제목과 내용이 잘 어울리나요?	
맞춤법, 띄어쓰기 등이 올바르게 작성되었나요?	

KEY POINT

내가 쓴 동시를 가족들 앞에서 큰 소리로 읽어
보세요. 자신이 미처 발견하지 못했던 새로운
표현을 발견할 수도 있어요. 또 여러 번
읽고 고치면 점점 더 좋은 글이 된답니다.

한눈에 정리하는 동시

1. 동시란 무엇일까요?

동시는 어린이를 대상으로 시를 글을 말해요. 동시 작가들은 주변의 모든 것을 눈여겨보고, 자신이 느끼고 생각한 것을 노랫말처럼 짧게 써요.

2. 동시의 특징은 무엇일까요?

❶ 노래처럼 운율(리듬)이 느껴져요.
❷ 내용이 함축되어 있고, 행과 연으로 나누어요.
❸ 빗대어 쓴 비유적이고 상징적인 표현이 많아요.

3. 감각적 표현이란 무엇일까요?

감각적 표현은 눈으로 보고, 귀로 듣고, 입으로 맛보고, 코로 냄새를 맡고, 손으로 만지면서 알게 된 대상의 느낌을 생생하게 표현한 것을 말해요.

❶ 시각적 표현: 모양이나 빛깔을 나타내는 표현
❷ 청각적 표현: 소리를 나타내는 표현
❸ 미각적 표현: 맛을 나타내는 표현
❹ 후각적 표현: 냄새를 나타내는 표현
❺ 촉각적 표현: 촉감을 나타내는 표현

4. 시의 구성 요소는 무엇일까요?

주제(의미적 요소): 시에 담겨 있는 글쓴이의 생각이에요.
운율(음악적 요소): 시를 읽을 때 느껴지는 말의 가락이에요.
심상(회화적 요소): 시를 읽을 때 마음속에 떠오르는 생각의 모습이나 느낌을 말해요.

동시 핵심어를 잡아요

동시를 쓸 때 꼭 알아야 할 핵심어를
찾아 낚싯줄로 연결하세요.

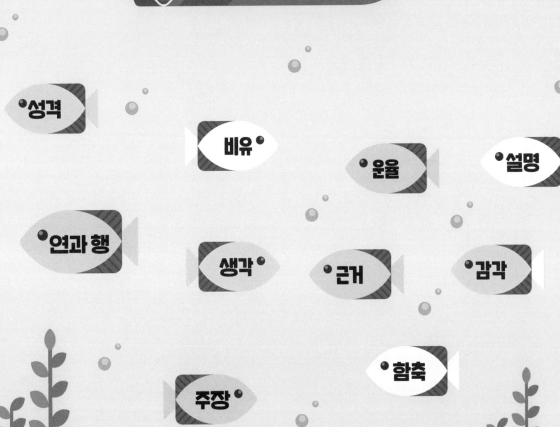

성격

비유

운율

설명

연과 행

생각

근거

감각

함축

주장

반짝반짝

설명하는 글 쓰기

CHAPTER 4

안녕? 이번에는 설명하는 글을 알아볼 거야. 나만 따라오면 설명하는 글을 쉽게 쓸 수 있어.

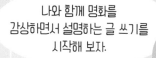

나와 함께 명화를
감상하면서 설명하는 글 쓰기를
시작해 보자.

🔷 그림 가운데에 있는 두 사람은 무엇을 하고 있나요?

🔷 사람들은 왜 여기에 모여 있을까요?

🔷 사람들은 무슨 생각을 하고 있을까요?

이 그림은 조선 시대 화가인 김홍도가 그린 〈씨름〉이에요. 씨름을 하는 사람들을 중심으로 구경꾼들의 모습이 실감 나게 묘사되어 있어요.

김홍도는 우리 역사에서 가장 유명한 풍속화가 가운데 한 명으로 손꼽혀요. 풍속화는 사람들이 살아가는 모습을 그린 그림으로, 풍속화를 통해서 당시 사람들의 생활 모습을 알 수 있지요.

이 그림을 보면 다양한 사람들이 나와요. 엿을 파는 소년도 보이고, 부채로 얼굴을 가린 양반도 있고, 갓이나 신발을 가지런히 벗어 놓고 씨름을 구경하는 사람도 있어요. 몸을 앞으로 내밀면서 구경하는 사람도 있지요.

김홍도의 〈씨름〉을 다른 사람에게 설명하려면 어떻게 해야 할까요? 누가 그린 그림이고, 이 그림은 무엇을 그린 것이고, 왜 이 그림이 중요한지 등을 알려 주어야 할 거예요. 이렇게 읽는 사람이 어떤 정보 등을 알기 쉽게 풀어서 쓴 글을 '설명하는 글'이라고 해요.

설명하는 글을 잘 쓰려면 어떻게 해야 할까요?
지금부터 꿀꺽이와 함께 생각의 길을 따라가 볼까요?

생각을 열어요

설명하는 글 1

여러분은 친구에게 음식하는 방법을 설명해 본 적이 있나요?
다음 사진을 보고, 달걀말이 하는 방법을 설명한 친구를 찾아보세요.

①

②

③

④

달걀말이는 달걀을 깨서
그릇에 넣고 잘 섞어
프라이팬에 얇게 펴
돌돌 말아서 익히는 음식이야.

폭신폭신하고 짭조름한
달걀말이가 정말 맛있어.
달걀말이는 영양가도 높아.

달걀말이는 우리 엄마가
가장 많이 해 준 반찬이야.
나도 제일 좋아하는
반찬이기도 하지.

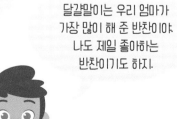

설명하는 글이란 무엇일까요?

설명이라는 말을 여러분은 많이 들어 봤을 거예요. 선생님께서 수업 시간에 수업 내용을 알려 주는 것도 설명이에요. 설명하는 글은 주장이나 감상보다는 정보와 사실을 전달하는 글이에요. 이해하기 쉽게 설명해야 해서 '풀이 글'이라고도 해요.

설명하는 글은 처음, 중간, 끝 부분으로 짜여져 있는데, 내용이 너무 많거나 복잡하면 단락을 나누어 쓰는 게 좋아요. 자신의 생각이 아닌 객관적인 내용만 써야 하고, 무엇보다 읽는 사람이 쉽게 이해할 수 있어야 해요.

우리 주변에서 쉽게 볼 수 있는 설명하는 글에는 가전제품 사용 설명서, 미술관과 박물관에 있는 작품이나 유물 설명서, 과학 이론 등이 있어요.

설명하는 글을 잘 쓰려면

❶ 누구나 이해할 수 있도록 쉽게 써야 해요.
❷ 설명하는 대상의 정보와 사실이 잘 드러나게 써야 해요.
❸ 글쓴이의 감정이나 의견을 쓰지 않도록 해요.
❹ 읽는 사람이 궁금하게 여길 내용을 써야 해요.

글쓰기 디자인을 해 봐요

1 설명할 대상 정하기

2 설명 방법 알아보기

3 필요한 정보 모으기

4 설명하는 글 개요 짜기

1. 설명할 대상 정하기

 설명하는 글의 대상은 매우 다양해요.
다음 질문에 답하면서 설명하는 글의 대상을 찾아보아요.

❶ 좋아하는 것은
무엇인가요?

❷ 내가 잘 아는 것은
무엇인가요?

❸ 평소에 궁금했던 것은
무엇인가요?

❹ 요즘 새롭게 알게 된
사실은 무엇인가요?

설명하는 글은 내가 잘 아는 것에 대해서 쓰는 것이 좋아요.
잘 모르는 것에 대해 쓸 경우에는 정보를 충분히 모아야 해요.

2. 설명 방법 알아보기

 '정의'란 어떤 말이나 사물의 뜻을 명백하게 밝히는 설명 방법이에요. 다음 예시 를 보고, '정의'를 이용하여 설명하는 방법을 알아보아요.

예시

자전거 는 사람이 타고 앉아 두 다리의 힘으로 바퀴를 굴려 움직이게 하는 탈것이다.

연필 은 흑연과 점토의 혼합물을 구워 만든 것으로, 가느다란 심을 속에 넣고, 겉은 나무로 둘러싸서 만든 필기구다.

호미 는 김을 매거나 감자나 고구마 따위를 캘 때 쓰는 쇠로 만든 농기구다.

주전자 는 사기나 쇠붙이로 만든 것으로, 물 등을 데우거나 담아서 따르게 만든 그릇이다.

우리 주변에 있는 사물들이 무엇인지 생각해 본 적이 있나요?
다음 사물들의 '정의'를 이용하여 설명하는 글을 써 보세요.

책은 _____

_____

_____

자동차는 _____

_____

_____

노트북은 _____

_____

_____

청소기는 _____

_____

_____

2. 설명 방법 알아보기

✏️ '비교'는 두 대상의 공통점을, '대조'는 차이점을 설명하는 방법이에요.
다음 예시 를 보고, 비교와 대조를 이용하여 설명하는 방법을
알아보아요.

자전거

1. 운전 면허증이
없어도 탈 수 있다.
2. 연료가 없어도
사람의 힘으로 움직인다.

공통점

1. 탈것이다.
2. 바퀴가 있다.
3. 안장이 있다.

오토바이

1. 운전 면허증이
있어야 탈 수 있다.
2. 연료가
있어야 움직인다.

비교	자전거와 오토바이는 둘 다 사람이 타는 것이고, 바퀴가 있어야 굴러가며 안장이 있다.
대조	자전거는 운전 면허증이 없어도 되지만 오토바이는 면허증이 있어야 운전할 수 있다. 또 자전거는 연료가 필요 없지만 오토바이는 연료가 있어야 한다.

왼쪽처럼 호랑이와 사자의 특성을 써 보세요. 그리고 비교와 대조를 이용하여 호랑이와 사자를 설명하는 글을 빈칸에 써 보세요.

호랑이   공통점   사자

비교	
대조	

2. 설명 방법 알아보기

 '분류'는 대상을 일정한 기준에 따라 나열하는 것이고, '분석'은 대상을 쪼개어 설명하는 거예요. 다음 예시를 보고, 분류와 분석을 이용하여 설명하는 방법을 알아보아요.

예시

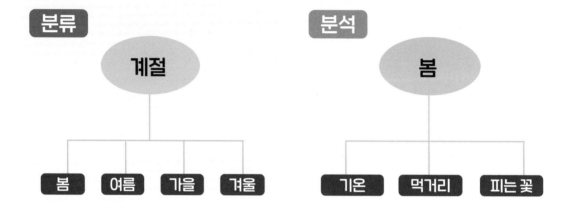

분류	계절은 봄, 여름, 가을, 겨울로 나눌 수 있다.
분석	봄은 기온이 따뜻하다. 봄에 피는 꽃은 진달래, 개나리, 동백, 벚꽃 등이 있으며 쑥과 냉이 같은 나물로 떡이나 반찬을 해 먹는다.

다음은 탈것을 분류하고, 자동차를 분석한 표예요. 분류와 분석을 이용하여 탈것과 자동차를 설명하는 글을 빈칸에 써 보세요.

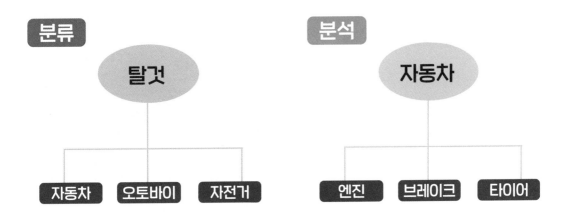

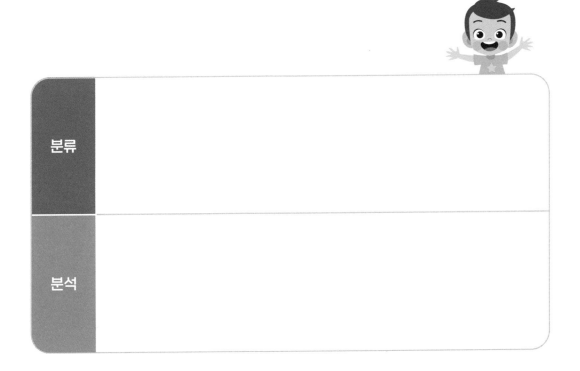

3. 필요한 정보 모으기

 설명하는 글을 쓰려면 설명하려는 대상과 관련된 생각을 펼치는 것이 좋아요. 다음 예시 를 보고, 생각을 펼치는 방법을 알아보아요.

예시

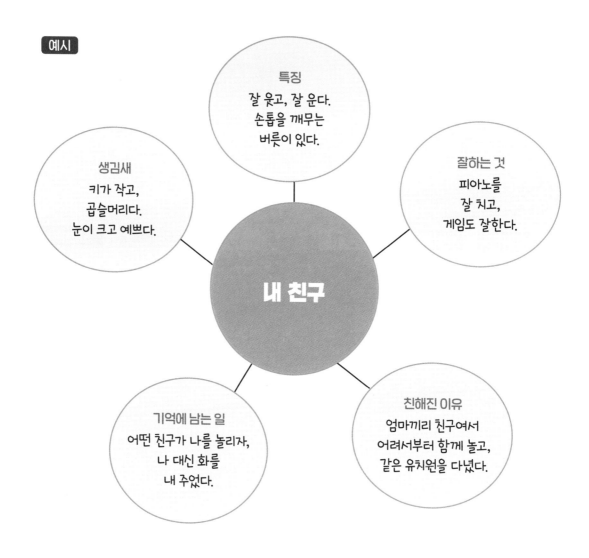

특징
잘 웃고, 잘 운다.
손톱을 깨무는
버릇이 있다.

생김새
키가 작고,
곱슬머리다.
눈이 크고 예쁘다.

잘하는 것
피아노를
잘 치고,
게임도 잘한다.

내 친구

기억에 남는 일
어떤 친구가 나를 놀리자,
나 대신 화를
내 주었다.

친해진 이유
엄마끼리 친구여서
어려서부터 함께 놀고,
같은 유치원을 다녔다.

 KEY POINT

생각 그물은 대상에 대해 떠오르는 것을 자유롭게 펼쳐 연결하는 거예요.

여러분이 잘 알고 있는 설명할 대상을 정하고, 그 대상과 관련된 설명을 동그라미 안에 써 보세요.

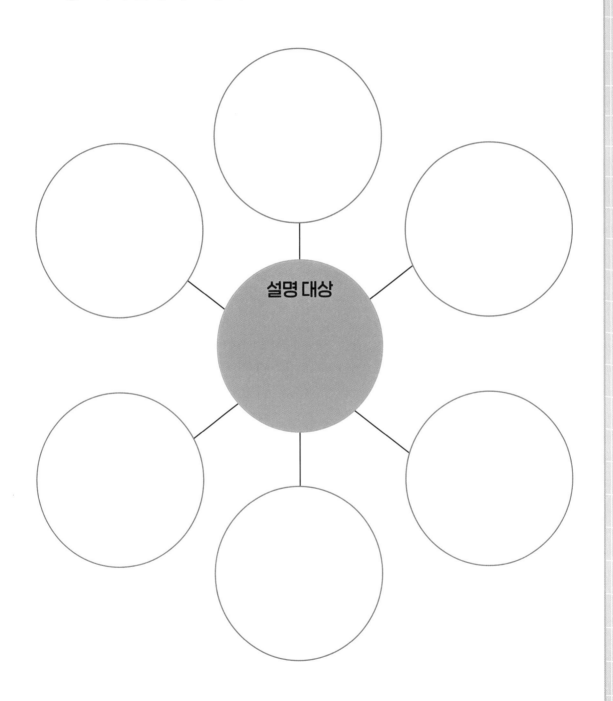

설명 대상

3. 필요한 정보 모으기

 설명하는 글을 쓰려면 필요한 정보를 모아야 해요.
다음 예시 를 보고, 정보를 모으는 방법을 알아보아요.

예시

대상	사람을 괴롭히는 빈대	
수집 방법	책 찾아보기	백과사전에서 빈대 항목을 찾아보고, 도서관에서 해충과 익충에 관한 책을 찾아서 읽어 보았어요.
	검색하기	인터넷에서 '사람을 괴롭히는 빈대'를 검색했어요.
	경험하기	빈대를 직접 볼 수 없어서 빈대를 관찰한 동영상을 찾아보았어요.
	물어보기	선생님과 부모님께 빈대에 관한 경험을 물어보았어요.

믿을 수 있는
정보를 찾는 것이
중요해.

그림, 사진, 도표 등을
함께 찾는 것이 좋아.

자료를 읽으면서
어떤 내용을 쓸지
생각을 정리해 볼 수 있어.

여러분이 평소에 궁금한 것으로 설명하려는 대상을 정해 보세요. 그 대상으로 설명하는 글을 쓸 때 필요한 정보를 빈칸에 써 보세요.

대상		
수집 방법	책 찾아보기	
	검색하기	
	경험하기	
	물어보기	

인터넷으로 자료를 검색할 때는 신뢰할 만한 누리집(홈페이지)을 참고해야 하고, 자료를 수집할 때는 반드시 출처를 메모해야 해요.

설명하는 글은 처음, 가운데, 끝 부분으로 짜여져 있어요.
다음 예시 를 보고, 설명하는 글의 개요를 짜는 방법을 알아보아요.

예시

제목	겨울철 '눈'의 이름	
처음 부분	설명 대상 소개하기	추운 겨울에 하늘에서 내리는 눈송이는 기온과 습도에 따라 모양과 이름이 다르다.
중간 부분	대상 자세히 설명하기	눈송이의 이름과 특징 •함박눈: 습기가 많아 잘 뭉쳐진다. 포근한 날에 내린다. •가루눈: 습기가 적어서 잘 뭉쳐지지 않는다. 함박눈이 내리는 날보다 추운 날 내린다. •진눈깨비: 비와 눈이 섞여 내린다. 영하 5도에서 영상 5도 사이에 내린다. •싸락눈: 눈보다는 얼음 알갱이와 비슷하다. 부스러진 쌀알을 닮아서 싸락눈이라고 한다.
끝 부분	내용 요약하고 마무리하기	겨울철 기온과 습도에 따라 눈의 모양이 달라지고, 눈의 이름도 달라진다.

KEY POINT

글의 제목은 설명하고자 하는 내용을 정확하게 전달하면서도
구체적이고 간결한 것이 좋아요.

앞에서 정한 대상으로 설명하는 글의 개요를 짜 보세요.

제목		
처음 부분	설명 대상 소개하기	
중간 부분	대상 자세히 설명하기	
끝 부분	내용 요약하고 마무리하기	

글쓰기를 해 봐요

 설명하는 글의 짜임에 맞게 쓰는 방법을 알아보아요.

예시

처음 부분

설명 대상
소개하기

'겨울'하면 제일 먼저 떠오르는 건 무엇일까?
하늘에서 내리는 눈일 것이다. 그런데 눈은 한 가지
모양으로 내리지 않는다. 눈송이가 커다란 것도 있고
얼음처럼 내리는 것도 있다. 그래서 눈은 이름이
하나가 아니라 여러 가지다.

중간 부분

대상 자세히
설명하기

눈은 크게 함박눈, 가루눈, 진눈깨비, 싸락눈으로
나뉜다. 눈의 이름을 나누는 기준은 온도, 수분,
바람이다. 함박눈은 겨울이지만 포근한 날에 내리는
눈으로 습기가 많아 잘 뭉쳐진다. 가루눈은 함박눈이
내리는 날보다 추운 날 내리는 눈으로 습기가 적고
건조해 뭉쳐지지 않는다. 진눈깨비는 비와 눈이 섞여
내리는 상태로 영하 5도와 영상 5도 사이에서
내린다. 싸락눈은 부스러진 쌀알을 닮았다고 해서
붙은 이름으로 눈보다는 얼음 알갱이와 비슷하다.

끝 부분

내용 요약하고
마무리하기

눈은 온도와 습도에 따라 내리는 모습도 다르고
부르는 이름도 다르다. 올겨울에는 눈이 내리면 이름을
불러야겠다.

앞에서 정한 대상으로 설명하는 글을 짜임에 맞게 써 보세요.

처음 부분

설명 대상
소개하기

중간 부분

대상 자세히
설명하기

끝 부분

내용 요약하고
마무리하기

여러분이 자유롭게 대상을 정하고 설명하는 글을 써 보세요.

제목:

_____

_____

_____

_____

_____

_____

_____

_____

앞에서 쓴 글을 읽고, 빈칸에 V표 해 보세요.

내용	체크
글이 사실과 정보로만 구성되어 있나요?	
글은 처음, 중간, 끝 부분으로 잘 구성했나요?	
다른 사람이 이해할 수 있을 정도로 쉽게 썼나요?	
정의, 비교와 대조, 분류와 분석 같은 설명하는 방법을 이용했나요?	
내가 설명하고 싶은 내용을 잘 전달했나요?	
글을 쓰고 다시 읽어 보며 고칠 부분을 찾았나요?	
소리 내서 읽어 보았나요?	
맞춤법과 띄어쓰기가 바르게 되어 있나요?	

KEY POINT

설명하는 글을 잘 완성했나요? 설명하는 글은
내가 알고 있는, 또는 알게 된 정보를 다른
사람에게 전달하는 글이에요. 그래서 다른
사람이 이해할 수 있도록 쉽게 써야 해요. 어때요,
다시 읽어 보니 잘 썼나요? 여러 번 읽어 보고,
고쳐 쓰면 글 쓰는 실력이 쑥쑥 늘어난답니다.

한눈에 정리하는 설명하는 글

1. 설명하는 글이란 무엇일까요?

설명하는 글은 어떤 사실이나 정보를 알기 쉽게 전달하는 글이에요. 사실이나 정보를 전달하는 글이지요. 내 주장이나 감상보다는 객관적인 근거를 바탕으로 사실을 이해하기 쉽게 전달해야 해요. 설명하는 글은 처음, 중간, 끝 부분으로 짜여져 있어요. 우리 주변에서 볼 수 있는 설명하는 글에는 가전제품 사용 설명서, 작품 설명서, 유물 설명서 등이 있어요. 학습에 도움이 되도록 과학 원리나 수학 공식을 설명하는 것도 설명하는 글에 속해요.

2. 설명하는 글은 어떻게 쓸까요?

처음 부분	설명하는 대상을 소개해요.
중간 부분	정의, 예시, 비교와 대조, 분류와 분석 등의 설명 방법을 이용하여 설명하는 대상을 자세히 설명해요.
끝 부분	설명한 내용을 요약하고 마무리해요.

3. 이런 점을 주의해요

❶ 누구나 이해할 수 있도록 쉽게 정확하게 써야 해요.
❷ 인터넷에서 정보를 찾을 때는 믿을 수 있는 정보인지 확인해야 해요.
❸ 사진, 도표 같은 시각 자료를 이용하는 것도 좋아요.
❹ 대상의 특성에 따라 정의, 예시, 비교와 대조, 분류와 분석 등을 알맞게 이용해서 설명하는 것이 좋아요.

설명하는 글 핵심어를 잡아요

설명하는 글을 쓸 때 꼭 알아야 할 핵심어를
찾아 낚싯줄로 연결하세요.

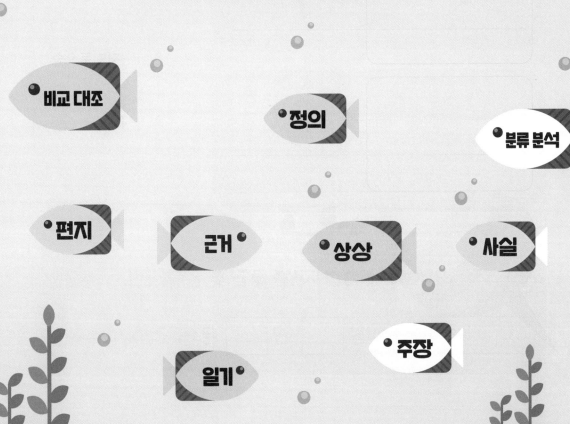

비교 대조

정의

분류 분석

편지

근거

상상

사실

주장

일기

CHAPTER 5

두근두근
소개하는 글 쓰기

어때, 글쓰기가 점점 재미있지?
이번에는 소개하는 글을 알아볼 거야.
더 흥미로울 테니 기대해.

나와 함께 명화를 감상하면서 소개하는 글 쓰기를 시작해 보자.

🔹 그림 속 사람은 누구일까요?

🔹 이 사람은 무슨 생각을 하고 있을까요?

🔹 이 사람은 어떤 이야기를 하고 싶을까요?

이 그림은 서양 미술사에서 가장 유명한 그림으로 손꼽히는 레오나르도 다 빈치의 〈모나리자〉예요.

우리 친구들도 한번쯤 본 적이 있을 거예요. 〈모나리자〉는 원근법의 사용, 삼각형의 구도, 명암 대조법의 사용 등 이탈리아 르네상스 미술의 대표적인 특징을 모두 담고 있어요. 또한 르네상스 시대의 이상적인 여성의 아름다움을 잘 보여 주고 있어요.

명화 속에는 그 시대의 역사와 문화적 특징, 당시 사회의 모습 등 다양한 정보가 담겨져 있어요. 정보를 전달하는 방법은 글이나 말로 전달하는 방법과 사진이나 그림 같은 이미지로 전달하는 방법으로 나눌 수 있어요. 〈모나리자〉는 이미지로 정보를 전달하는 것이지요.

여러분이 〈모나리자〉를 친구들에게 소개를 해야 된다면 어떤 정보를 준비해서 전달하고 싶나요? 정보를 효과적으로 전달하기 위해서는 적절한 방법을 선택하고, 대상과 목적, 상황에 맞는 방법을 사용해야 해요.

꿀꺽이와 함께 소개하는 글에 대해 알아볼까요?

생각을 열어요

 여러분은 다른 사람을 소개할 때 어떻게 하나요? 생김새나 옷차림, 특징 등을 살펴보면서 친구들이 소개하는 사람을 찾아보세요.

다람쥐에게
먹이를 주고 있어요.
누구일까요?

벤치에 앉아서
책을 읽고 있어요.
누구일까요?

소개하는 글이란 무엇일까요?

신학기가 시작되면 새로운 친구들을 만날 생각에 설레지 않나요? 그런데 '친구들에게 자기소개를 어떻게 하지?' 하고 고민해 본 경험이 있을 거예요. 이때 미리 글을 쓰고 소리 내어 읽으면서 연습하면 자기소개가 훨씬 쉬어진답니다.

소개하는 글은 사람, 물건, 장소, 사건에 대한 정보를 남에게 알려 주는 글이에요. 잘 알려지지 않았거나 모르는 사실이나 내용을 잘 알도록 하여 주는 것이 목적이지요.

소개 대상의 종류에 따라 글의 종류도 다양해요. 크게 사람을 소개하는 글과 물건을 소개하는 글로 나눌 수 있어요. 우선 사람을 소개하는 글에는 이름이나 모습, 성격, 좋아하는 것과 잘하는 것 등을 써요. 가족 소개, 친구 소개, 위인 소개, 자기소개 등이 있어요. 물건을 소개하는 글에는 물건의 모양, 물건의 쓰임새 외에도 크기, 색깔, 만졌을 때의 느낌 등이 잘 드러나야 해요. 지역 소개, 박물관 소개, 발명품 소개하기 등도 있어요.

KEY POINT

소개하는 글을 잘 쓰려면

❶ 소개 대상에 관한 정보를 충분히 모아야 해요.
❷ 읽는 이가 잘 이해할 수 있도록 정확한 낱말을 써야 해요.
❸ 글의 내용이 정확하고 정직해야 해요.
❹ 글을 쓸 때 '~인 것 같다'는 말은 쓰지 않도록 해요.

소개하는 글 3

글쓰기 디자인을 해 봐요

1 소개할 대상 정하기

2 소개할 내용 정하기

3 소개하는 글 개요 짜기

4 자기소개 글 알아보기

소개하는 글은 다른 사람에게 소개하고 싶은 대상이 있어야 해요.
다음 질문에 답하면서 소개하고 싶은 대상을 정해 보아요.

사람
가족, 선생님, 친구, 짝꿍, 위인, 존경하는 인물, 자기소개 등

물건
친구들이 잘 모르는 물건, 책, 발명품, 음식, 영화, 여행지 등

우리 가족은 누구누구인가요?

최근 재미있게 읽은 책은 무엇인가요?

존경하는 역사 인물은 누구인가요?

좋아하는 운동은 무엇인가요?

학급에서 가장 친한 친구는 누구인가요?

기억에 남는 여행지는 어디인가요?

KEY POINT

소개하는 글을 쓸 때는 자신이 가장 잘 알고 있는 대상을 정하는 것이 좋아요.

사람을 소개할 때는 무슨 내용을 써야 할까요?
다음 예시 를 보면서 사람을 소개할 때 들어가야 할 내용을 알아보아요.

사람을 소개할 때는
이름, 나이, 성별, 성격,
모습, 특징, 잘하는 것,
좋아하는 것, 소개하고
싶은 이유 등을 써.

위인을 소개할 때는
이름, 성격, 모습,
시대 상황, 성장 과정,
한 일, 본받을 점,
위인을 소개하면서
깨달은 점 등을 써.

예시

소개할 사람

이름	나의 단짝 아름이
나이	10살
성격	친절하고 착하다.
모습	머리카락은 짧고, 키가 큰 편이다.
좋아하는 것	독서를 많이 하고, 농구와 축구를 좋아한다.
잘하는 것	피아노를 잘 쳐서 상을 받은 적도 많다.

다른 사람에게 소개하고 싶은 사람이 있나요?
사람을 소개할 때 필요한 내용을 써 보세요.

소개할 사람

이름(별명)
_____

성격
_____

모습
_____

장점
_____

좋아하는 이유
_____

소개하는 목적
_____

더 소개하고 싶은 내용
_____

소개할 내용을 정할 때는 친구들이 무엇을 궁금해 하는지 생각해
보는 것도 좋아요.

2. 소개할 내용 정하기

 물건을 소개할 때는 무슨 내용을 써야 할까요?
다음 예시 를 보고, 물건을 소개할 때 들어가야 할 내용을 알아보아요.

물건을 소개할 때는 모양, 쓰임새, 특징, 좋아하는 이유 등을 써.

음식을 소개할 때는 이름, 맛의 특징, 만드는 방법, 좋아하는 이유 등을 써.

책을 소개할 때는 제목, 글 작가, 그림 작가, 출판사, 등장인물, 소개하고 싶은 이유 등을 써.

예시

소개할 물건

종류	곰 인형
이름	곰뚱이
크기	30센티미터
모습	부드러운 갈색 털을 가지고 있으며 배는 하얀색이다.
특징	웃는 표정이고, 한쪽 눈은 윙크를 하고 있다.
좋아하는 이유	부드러운 털을 만지면 기분이 좋아지기 때문이다.

책을 소개할 때는 무슨 내용을 넣어야 할까요?
가장 좋아하는 책을 친구에게 소개할 때 필요한 내용을 써 보세요.

소개할 책

책 제목

_____

글쓴이

_____

출판사

_____

소개하고 싶은 이유

_____

_____

이 책을 추천하고 싶은 사람

_____

더 소개하고 싶은 내용

_____

책을 소개할 때는 기억에 남는 장면이나 문장, 느낌, 새롭게 알게 된
내용 등을 더 소개해도 좋아요.

소개할 대상과 내용이 정해지면 글의 개요를 짜는 것이 좋아요.
다음 예시 를 보고, 소개하는 글의 개요를 정리하는 방법을 알아보아요.

예시	제목: 하늘을 나는 권기옥

제목은 글의 내용을 한눈에 파악할 수 있어야 해.

처음 부분	소개 대상 설명 (호기심 질문)	우리나라 최초의 여성 비행사를 아시나요?
소개할 대상과 소개하는 까닭을 간단히 써요. 퀴즈처럼 호기심을 자극하는 내용으로 시작해요.	권기옥을 소개하는 이유	독립운동가 권기옥의 삶이 잘 알려져 있지 않아서 소개하려고 해요.
중간 부분	꿈을 가지게 된 계기	열일곱 살 때 미국인 아트 스미스의 비행을 보고 비행사가 되고 싶다는 꿈을 가지게 되었어요.
소개할 대상을 자세하게 써요. 소개할 대상의 특성에 맞는 소개 내용을 정해요.	꿈을 이루기 위한 노력	윈난 항공 학교를 우수한 성적으로 졸업했어요.
	권기옥의 업적	10여 년간 중국 공군으로 복무하면서 독립운동을 계속했어요.
끝 부분	본받을 점	꿈을 향한 끊임없는 노력과 도전 정신을 본받아야겠어요.
소개한 대상에 대한 생각과 느낌을 써요.	나의 다짐	권기옥처럼 새로운 것에 도전하는 것을 두려워하지 않는 멋진 사람이 되고 싶어요.

친구에게 소개하고 싶은 대상의 제목과 그 대상을 소개하는 글의 개요를 짜 보세요.

제목:

처음 부분 소개 대상과 소개하는 이유 간단히 쓰기	
중간 부분 소개할 대상의 특징 자세히 쓰기	
끝 부분 소개한 내용 요약하고 생각과 느낌 쓰기	

글의 개요를 잘 짜면 글을 효과적으로 쓸 수 있고, 읽는 사람이 쉽게 이해할 수 있어요.

자기소개 글은 다른 사람에게 나를 알리기 위해 쓰는 거예요.
다음 예시 를 보면서, 색깔로 나를 표현하는 방법을 알아보아요.

예시

나는 주황색이야. 주황색은 빨간색과
노랑색이 섞여 있어. 나는 빨강색처럼
따뜻한 마음과 노랑색처럼 활발하고
밝은 마음을 지녔기 때문이야.

 여러분은 나를 어떤 색깔로 표현하고 싶나요?
하트 모양에 나를 표현할 수 있는 색깔을 칠하고, 그 이유를 써 보세요.

 KEY POINT

색깔이나 동물, 물건에 비유해서 나를 소개하면 다른 사람의 호기심을 끌 수
있어요.

✏️ 다음 예시 를 보면서, 나를 물건이나 동물에 비유하여 소개하는 방법을 알아보아요.

나는 말이야.
왜냐하면 나는 초원을 누비는
말처럼 달리기를 잘하고 튼튼하며
잘 먹기 때문이야.

✏️ 여러분은 나를 어떤 물건이나 동물에 비유하고 싶나요?
네모 안에 나를 비유할 물건이나 동물을 그리고, 그 이유를 써 보세요.

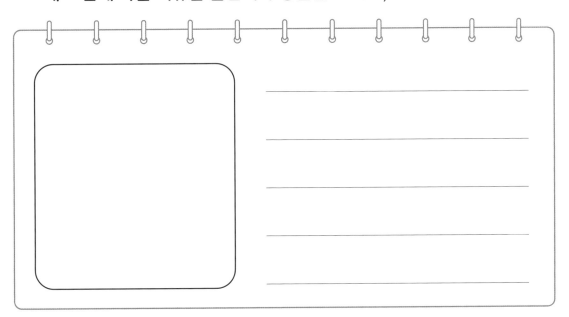

KEY POINT

소개받는 사람이 오래 기억할 수 있도록 자기소개 글에는 자신의 개성이 잘
드러도록 써야 해요.

4. 자기소개 글 알아보기

 자기소개 글을 쓸 때도 개요를 짜는 것이 좋아요.
다음 예시를 보고, 자기소개 글의 개요를 짜는 방법을 알아보아요.

예시

제목	공룡 사랑, 초록 혜준
처음 부분	동물을 사랑하는 자연인, 초록 혜준
중간 부분	• 공룡을 가장 좋아한다. • 책읽기와 그림 그리기가 취미다. • 장래 희망은 동물학자이다. • 성격은 꼼꼼하다.
끝 부분	앞으로 열심히 공부해서 멋진 동물학자가 되고 싶다. 초록 혜준을 꼭 기억해 주길 바란다.

다음 예시를 보고, 개요를 바탕으로 자기소개 글을 쓰는 방법을
알아보아요.

예시

안녕하세요? 자연인, 초록 혜준입니다.

저의 장래 희망은 동물학자가 되는 것입니다. 동물을 정말 사랑하는데, 그중에서도 공룡을 가장
좋아합니다. 신비로운 공룡의 비밀을 반드시 밝히고 싶습니다.

저는 책 읽기와 동물 그리기를 취미로 즐기고 있고, 성격은 꼼꼼해서 항상 계획을 세우고 그대로
실천하려고 노력하고 있습니다. 앞으로 멋진 동물학자가 되기 위해 열심히 공부할 것입니다.

자연과 동물을 사랑하는 초록 혜준을 꼭 기억해 주세요. 감사합니다.

KEY POINT

자기를 소개하는 글에는 자신의 장점을 구체적으로 쓰는 게 좋아요.

✏️ 처음 만난 친구에게 자기소개를 한다면 어떻게 해야 할까요?
자기소개 글의 개요를 써 보세요.

제목	
처음 부분	
중간 부분	
끝 부분	

✏️ 위에서 짠 개요를 바탕으로 자기소개 글을 써 보세요.

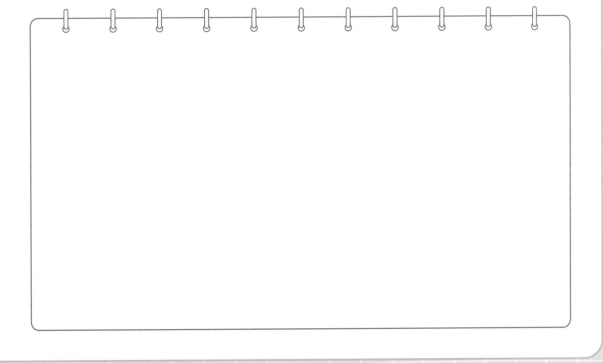

글쓰기를 해 봐요

 소개하는 글은 처음, 중간, 끝 부분으로 짜여져 있어요.
글의 짜임에 맞게 소개하는 글을 쓰는 방법을 알아보아요.

| 예시 | 제목: 하늘을 나는 권기옥 |

처음 부분

호기심 있는
질문으로 시작하고,
대상을 선택한
이유를 써요.

우리나라 최초의 여성 비행사를 아시나요?
제가 소개하려는 인물은 우리나라 최초의 여성
비행사이며 독립운동가인 권기옥이에요. 그런데 이분의
삶이 잘 알려지지 않아서 이분의 희생과 용기를 알지
못하는 경우가 많아요.

중간 부분

위인의 성장 과정,
꿈을 이루는 과정,
위인이 이룬 업적을
소개해요.

권기옥은 열일곱 살 때 미국인 아트 스미스의 평양 곡예
비행을 구경한 뒤로 비행사가 되고 싶다는 꿈을 가지게
되었어요. 비행사가 되어 일본과 싸울 것을 다짐하며
중국으로 건너간 권기옥은 여자라는 이유로 비행 학교
입학을 여러 차례 거절당했으나 포기하지 않았어요.
결국 윈난 항공 학교에 입학하여 남학생과 똑같은
훈련을 받고 훌륭한 성적으로 1기 졸업생이 되었답니다.
우리나라 최초의 여성 비행사로 대한민국 임시 정부에서
활동하면서 항공기 폭탄 투하 작전을 계획하는 등
독립운동을 했어요. 그 공을 인정받아 건국 훈장 독립장을
받았어요.

끝 부분

위인에게 본받을 점,
나의 다짐 등을 써요.

권기옥의 꿈을 향한 끝임없는 노력과 도전 정신을
본받아 나도 새로운 것에 도전하는 것을 두려워하지
않는 멋진 사람이 되고 싶어요.

✏️ 여러분이 선택한 소개할 대상에 알맞은 제목을 써 보세요.
그리고 글의 짜임에 맞게 소개하는 글을 써 보세요.

제목:

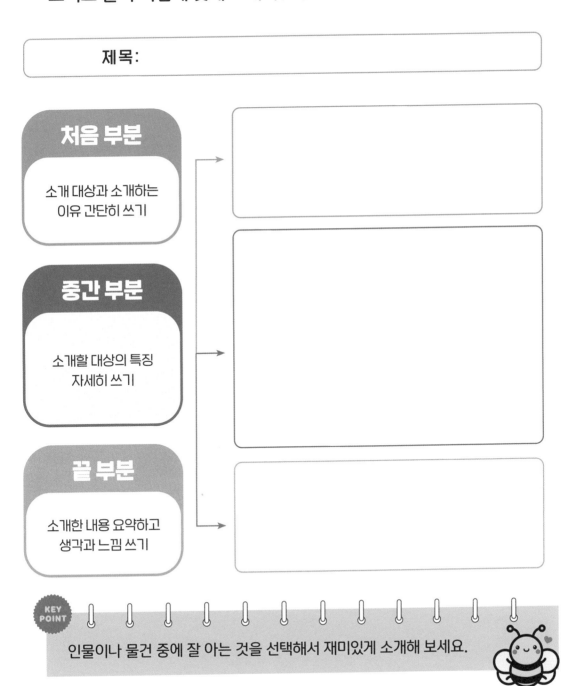

처음 부분

소개 대상과 소개하는
이유 간단히 쓰기

중간 부분

소개할 대상의 특징
자세히 쓰기

끝 부분

소개한 내용 요약하고
생각과 느낌 쓰기

KEY
POINT

인물이나 물건 중에 잘 아는 것을 선택해서 재미있게 소개해 보세요.

친구들에게 소개하고 싶은 대상을 정하고, 소개하는 글을 써 보세요.

제목:

앞에서 쓴 글을 읽고, 빈칸에 V표 해 보세요.

내용	체크
글의 목적과 주제를 잘 정했나요?	
읽는 사람이 쉽게 이해할 수 있도록 썼나요?	
소개하려는 대상의 특징을 자세하게 기록했나요?	
처음, 가운데, 끝 부분을 짜임새 있게 구성했나요?	
글의 흐름이 매끄럽게 이어졌나요?	
맞춤법, 띄어쓰기 등도 올바르게 되어 있나요?	
위의 체크 항목에서 수정해야 할 부분을 고쳐쓰기 했나요?	

KEY POINT

가족들 앞에서 큰 소리로 소개하는 글을
읽어 보세요. 내가 발견하지 못했던 문제점을
찾을 수도 있어요. 글을 쓴 뒤에 여러 번 읽고
고쳐쓰기 하면 글이 더욱 매끄러워질 거예요.
그러면 글을 읽는 사람이 소개 대상에 대한
정보를 더 잘 이해할 수 있어요.

한눈에 정리하는 소개하는 글

1. 소개하는 글이란 무엇일까요?

자신이나 다른 사람, 물건에 대한 정보를 누군가에게 알려 주는 글이에요. 소개하는 글은 어떠한 대상이나 사물에 대한 객관적인 사실을 있는 그대로 알려 주는 것이 목적이에요. 그러므로 정확하고 정직하게 써야 해요.

❶ **사람을 소개하는 글**

소개하는 사람의 이름, 모습, 성격, 좋아하는 것, 잘하는 것 등을 써요.

❷ **물건을 소개하는 글**

소개하는 물건의 모양, 쓰임새, 크기, 색깔, 맛, 냄새, 느낌 같은 특징이 잘 드러나도록 써요.

2. 소개하는 글은 어떻게 구성될까요?

처음 부분	소개할 대상과 대상을 선택한 이유를 써요.
중간 부분	소개할 대상의 특징을 구체적으로 써요.
끝 부분	대상에 대한 나의 생각이나 느낌을 써요.

3. 이런 점을 주의해요

❶ 읽는 사람이 잘 이해할 수 있도록 써야 해요.
❷ 장점이 잘 드러나도록 써야 해요.
❸ 목적과 주제를 명확하게 써야 해요.
❹ 내용이 너무 길지 않게 써야 해요.

소개하는 글 핵심어를 잡아요

소개하는 글을 쓸 때 꼭 알아야 할 핵심어를
찾아 낚싯줄로 연결하세요.

전달

동시

사례

찬성

정보

특징

생각

편지

명화

생활

CHAPTER 6

톡톡
주장하는 글 쓰기

안녕? 이번에 알아볼
내용은 주장하는 글이야.
다른 사람을 설득하려면
어떻게 해야 할까?
나와 함께 알아보자.

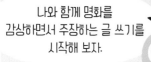

나와 함께 명화를
감상하면서 주장하는 글 쓰기를
시작해 보자.

💠 그림 속 사람들은 이곳에 왜 모였을까요?

💠 사람들은 무슨 이야기를 나누고 있을까요?

💠 혼자 있는 사람들은 무슨 생각을 하고 있을까요?

이 그림은 이탈리아 르네상스 시대의 화가인 라파엘로가 그린 〈아테네 학당〉
이에요. 고대 그리스 철학자들이 학당에 모여서 토론하고 있는 모습이지요.

그림 가운데 있는 두 사람이 누군지 아세요? 바로 가장 위대한 고대 서양
철학자로 손꼽히는 플라톤과 아리스토텔레스예요. 두 사람은 논리적으로 주
장하는 능력이 아주 뛰어났어요. 플라톤과 아리스토텔레스가 살던 고대 그리
스는 자신의 주장을 잘 펼치는 사람일수록 인기가 많았고 존경을 받았어요.

일상생활에서 우리는 다른 사람을 설득하기 위해 내 생각을 주장해야 하는
경우가 많이 생겨요. 유행하는 옷이나 신발, 새 스마트폰이 갖고 싶을 때도
부모님을 설득해야 해요. 또 반을 이끄는 반장이 되고 싶을 때도 내가 반장
이 되어야 하는 이유를 친구들에게 설득해야 하지요. 그러려면 상대방이 고
개를 끄덕끄덕할 수 있도록 내 생각을 조리 있게 주장해야 해요.

주장하는 글은 어떤 주제에 관하여 자기의 생각이나 주장을 조리 있고 짜임
새 있게 쓴 글이에요. 의견이나 주장을 밝혀야 할 때는 적절한 근거를 들어야
해요. 그렇게 쓰는 것이 어렵다고요?

걱정 마세요! 꿀꺽이와 함께하면 쉽고 재밌게 쓸 수 있을 거예요. 지금부터
상대방의 고개가 끄덕끄덕할 수 있게 주장하는 글을 써 볼까요?

생각을 열어요

 다음 사진을 보면 어떤 생각이 떠오르나요?
쓰레기가 버려져 있는 모습, 가뭄 때문에 지구가 메말라 가는 모습을
보고 친구들에게 하고 싶은 말을 떠올려 보세요.

해변에 쓰레기를
버리지 말자.
쓰레기 때문에
해변이 지저분해졌어.

얘들아, 물을 아껴 쓰자.
물 부족 때문에 고생하는
사람들이 많대.

136

주장하는 글이란 무엇일까요?

여러분은 어디에서 정보를 얻고 있나요? 대체로 인터넷, 에스엔에스(SNS), 방송 등에서 정보를 얻고 누군가의 주장에 이끌리기도 하지요. 하지만 그 주장이 믿을 수 있는 것인지 잘못된 것인지 판단이 잘 안 설 때가 있을 거예요. 그래서 우리는 다수의 의견이나 목소리가 큰 사람의 생각에 끌려다닐 때가 많아요.

내 삶의 주인이 되기 위해서는 필요한 주장을 할 수 있어야 해요. 그러려면 상대방의 주장이 옳은지 잘못된 것인지 판단할 수 있어야 하고, 나의 생각을 다른 사람이 받아들일 수 있도록 잘 설득할 수 있어야겠지요.

상대방을 설득하기 위해 자신의 주장을 짜임새 있게 잘 드러내어 쓴 글을 주장하는 글이라고 해요. 주장하는 글에서 어떤 문제에 대한 글쓴이의 생각(의견)을 주장이라고 하고, 주장을 뒷받침하는 내용을 근거(사실)라고 해요. 그럼 이제부터 '주장하는 글' 쓰기를 시작해 볼까요?

아! 시작하기 전에 사실과 의견부터 알아볼 거예요. 꿀꺽이만 잘 따라오세요.

 KEY POINT

주장하는 글을 잘 쓰려면

❶ 주장하는 글을 쓰기 전에 다른 사람들과 토론을 하는 것이 좋아요.
❷ 다른 사람을 설득하려면 내가 정한 주제에 대해 미리 알아보는 것이 좋아요.

주장하는 글 3

글쓰기 디자인을 해 봐요

1 사실과 의견 알아보기

2 사실과 의견 찾기

3 주장 정하기

4 주장에 맞게 근거 정리하기

5 주장하는 글 개요 짜기

주장하는 글을 쓰려면 먼저 사실과 의견이 무엇인지 알아야 해요.
사실과 의견에 대해서 알아보아요.

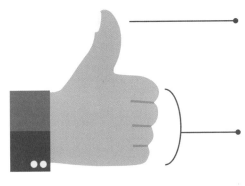

의견은 어떤 문제나 인물 또는 일에 대하여
갖는 생각, 느낌, 판단 등을 말해요.
주장하는 글에서 가장 중요한 중심 문장이
되기도 해요.

사실은 현재에 있는 일, 실제로 있었던 일,
확인할 수 있는 일을 말해요. 주장하는 글에서
사실 문장은 의견의 내용을 뒷받침해 주는
뒷받침 문장이기도 해요.

 다음 예시를 보고, 사실 문장과 의견 문장을 구별하는 방법을
알아보아요.

• 나는 지난주에 엄마와 함께 강아지를 입양하러 갔어요. 사실

• 분양해 주시는 분이 티컵 강아지를 소개해 주셨어요. 사실

• 작아서 데리고 다니기도 편하고 실내에서 키우기도 쉽다고 얘기했어요. 의견

• 하지만 몸이 좀 약한 것이 단점이라고도 얘기했어요. 의견

• 나는 사람이 키우기 쉽게 하려고 강아지를 작게 만든 것 같아 엄마에게 싫다고
  얘기했어요. 의견

 KEY POINT

상대방의 개인적인 의견을 무조건 사실로 받아들이면 문제가 생길 수 있어요.
따라서 상대방의 말이나 글을 읽을 때 '사실'과 '의견'을 정확하게 구분해야 해요.

2. 사실과 의견 찾기

 글을 읽을 때는 사실과 의견을 구별할 줄 알아야 해요. 다음 그림에 관한 글을 읽으면서 사실과 의견을 찾는 연습을 해 보아요.

이 그림은 프랑스 화가 조르주 쇠라가 그린 <그랑드자트섬의 일요일 오후>라는 작품이다.

사실

일요일 오후, 그랑드자트섬에서 쉬고 있는 사람들이 편안해 보인다.

의견

이 그림을 자세히 보면 수없이 많은 작은 색점이 찍혀 있지만 떨어져서 보면 색점은 사라지고 풍경이 보인다.

검은 우산을 쓰고 강을 여유 있게 바라보는 여인의 모습이 아름답다.

다음 예시 처럼 질문에 대한 자신의 의견을 선택하세요.
그리고 그 의견을 선택한 이유를 써 보세요.

예시

책을 읽지 않는 이유는?		
의견	스마트폰 때문이다　　VS　　숙제 때문이다	
나의 선택	스마트폰 때문이다.	
이유	책보다 스마트폰에서 쉽게 정보를 찾을 수 있기 때문이다.	

지구를 병들게 하는 것은?		
의견	일회용품 때문이다　　VS　　자동차 때문이다	
나의 선택		
이유		

아름다운 학교를 만들기 위해서는?		
의견	복도에서 뛰어다니지 않는다　　VS　　친구와 싸우지 않는다	
나의 선택		
이유		

강아지가 매일 짖어 이웃에게 피해를 준다면?		
의견	성대 제거 수술을 한다　　VS　　이사를 간다	
나의 선택		
이유		

3. 주장 정하기

주장을 정하기 위해서는 주변에서 일어나는 문제 상황을 찾아야 해요.
다음 예시 처럼 문제 상황을 써 보세요.

예시

토요일에 엄마와 함께 지하철을 타고 할머니 댁에 갔어요. 지하철에는 많은 사람이 있었어요. 지하철 안에서는 아이들이 큰 소리로 이야기하고 뛰어다녔어요. 주변 사람들이 눈살을 찌푸렸지만 아이들은 아랑곳하지 않았어요.

문제 상황: 지하철에서 아이들이 뛰어다니는 문제

일요일에 가족들과 놀이공원에 놀러 갔어요. 놀이공원에는 많은 어린이가 있었지요. 나는 동생과 함께 회전목마를 타려고 줄을 섰어요. 그런데 내 앞으로 어떤 언니가 새치기를 했어요. 나는 화가 났어요.

문제 상황:

신문이나 텔레비전 뉴스를 통해서도 다양한 문제 상황을 만날 수 있어요.

문제 상황을 해결하기 위해서는 주장을 펼쳐야 해요.
다음 예시 처럼 문제 상황과 그 이유, 펼치고 싶은 주장을 써 보세요.

예시

친구들과 공원에 놀러 갔어요. 공원 여기저기에 쓰레기가 많았어요. 쓰레기통 주변에
도 담배꽁초, 음료수 캔, 과자 봉지 등이 버려져 있었어요.

> 문제 상황: **공원에 쓰레기가 많은 문제**
>
> 문제 상황이 일어난 이유: **공원에 쓰레기를 버리기 때문에**
>
> 펼치고 싶은 주장: **공원에 쓰레기를 버리지 말자.**

수업이 끝나는 종이 울렸어요. 아이들이 모두 교실 밖으로 나갔어요. 그런데 복도 끝
에서 한 아이가 내 쪽으로 뛰어왔어요. 나는 가까스로 그 아이와 부딪치지 않았어요.

문제 상황:

문제 상황이 일어난 이유:

펼치고 싶은 주장:

KEY POINT

주장하는 글을 쓰려면 문제 상황과 그 문제 상황이 일어난 원인과 해결 방법
등을 먼저 생각해 보아야 해요.

4. 주장에 맞게 근거 정리하기

 주장을 펼치려면 주장을 뒷받침하는 근거를 찾아야 해요.
다음 예시 처럼 문제 상황, 주장과 근거를 써 보세요.

예시 문제 상황: 친구에게 욕을 하는 것을 보았다.

주장: 욕을 하지 말자!

근거: 욕을 하면 사람들이 기분이 나빠진다.

문제 상황: 빨간 신호등에 도로를 건너는 어른을 보았다.

주장:

근거:

문제 상황: 수업 시간에 떠드는 친구를 보았다.

주장:

근거:

주장은 글쓴이의 생각이고,
근거는 주장을
뒷받침하는 내용이야.

주장은 의견을 쓰고,
근거는 사실을 잘 써야 해.

같은 문제라도 사람마다 다르게 주장할 수 있어요. '먹방(먹는 방송)'에 대한 서로 다른 주장을 읽고, 여러분의 주장과 근거를 써 보세요.

예시

난 먹방이 좋다고 생각해. 못 먹는 음식에 대한 내 마음을 충족시켜 주거든. 배고픈데 먹을 게 없거나 다이어트를 할 때 먹방을 보면 기분이 좋아져.

난 먹방이 나쁘다고 생각해. 세계 많은 사람이 굶주림으로 죽어 가고 있는데, 음식을 낭비하는 거 같아서 기분이 나빠져.

문제 사항: 먹방을 어떻게 생각하는가?		
	주장	근거
혜준이	먹방은 좋다고 생각한다.	배고픈데 음식이 없거나 맛있는 음식을 먹고 싶을 때 먹방을 보면 기분이 좋아진다.
아람이	먹방은 나쁘다고 생각한다.	세계의 많은 사람이 굶주림으로 죽어 가고 있는데, 음식을 낭비하는 거 같아서 기분이 나빠진다.
나		

주장을 잘 펼치려면 그 주장을 뒷받침하는 근거가 많을수록 좋아요.
다음 예시 를 보고, 주장을 뒷받침하는 근거를 찾는 방법을 알아보아요.

예시

근거1

일회용품이 환경을
오염시키기
때문이다.

근거2

일회용품을 만들면서
지구 온난화를 일으키는
온실가스를 배출하기
때문이다.

주장

일회용품의 사용을
줄이자!

근거3

일회용품을
처리하는 데
돈과 시간이
낭비되기 때문이다.

근거4

쓰레기가
너무 많이
나오기 때문이다.

근거는 많은 사람이 동의할 수 있어야 하고, 구체적일수록 좋아요.

✏️ 다음 주장을 뒷받침하는 근거를 써 보세요.

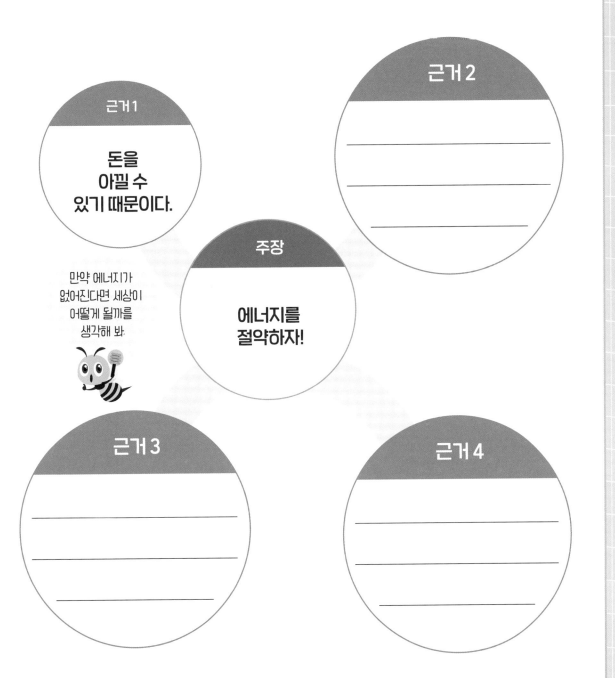

근거1

돈을
아낄 수
있기 때문이다.

근거2

주장

에너지를
절약하자!

만약 에너지가
없어진다면 세상이
어떻게 될까를
생각해 봐.

근거3

근거4

5. 주장하는 글 개요 짜기

 주장하는 글은 서론, 본론, 결론으로 짜여져 있어요. 다음 예시를 보면서 주장하는 글의 짜임에 맞게 개요를 정리하는 방법을 알아보아요.

예시

제목	일회용품 사용을 줄이자.
서론 글을 쓰게 된 문제 상황과 주장	부모님과 영화관에 갔더니 사람들이 일회용 컵으로 음료수를 마시고 있었다. 일회용품의 사용을 줄이자.
본론 주장을 뒷받침할 근거 제시	근거 1: 일회용품을 많이 쓰면 쓰레기가 많이 나오고 쓰레기는 환경을 오염시키기 때문이다. 근거 2: 일회용품을 만들 때 자원을 많이 써서 시간과 돈이 낭비되기 때문이다.
결론 주장을 다시 한번 강조	한 번 쓰고 버리는 일회용품은 환경을 오염시키기 때문에 일회용품의 사용을 줄여야 한다.

서론은 흥미를 끌 수 있는
상황으로 시작하는
것이 좋아.

본론에는 근거를
구체적으로 써야 해.

✏️ '에너지를 절약하자'라는 문제 상황으로 글의 짜임에 맞게 글을 써
보세요.

제목	에너지를 절약하자.
서론 글을 쓰게 된 문제 상황과 주장	
본론 주장을 뒷받침할 근거 제시	
결론 주장을 다시 한번 강조	

개요를 잘 짜는 것이 주장하는 글을 잘 쓰는 첫걸음이에요.

글쓰기를 해 봐요

 글의 짜임에 맞게 주장하는 글을 쓰는 연습을 해 보세요.

서론

글을 쓰게 된
문제 상황과 주장

영화관에 가 보면 쓰레기통 주변에 일회용 컵이 많이 버려져 있는 것을 볼 수 있다. 사람들이 일회용품을 많이 쓰고 있기 때문이다. 일회용품이 환경에 미치는 영향이 크기 때문에 일회용품을 줄여야 한다.

본론

주장을 뒷받침할
근거 제시

첫째, 일회용품은 한 번 쓰고 버리기 때문에 쓰레기가 많이 나온다. 특히 일회용품 사용 후 발생하는 플라스틱 쓰레기는 분해되지 않기 때문에 자연과 인간에게 피해를 주고 지구 환경을 오염시킨다. 하지만 우리가 일회용품을 덜 쓰면, 쓰레기도 줄어들고, 처리 비용도 줄일 수 있다.
둘째, 일회용품을 만들 때 많은 자원과 에너지가 소비된다. 일회용품은 한 번 사용 후 버려지기 때문에 자원의 낭비가 심각하다. 재사용이 가능한 제품을 사용하면 자원과 에너지의 낭비를 줄일 수 있다.

결론

주장을
다시 한번 강조

우리는 편리해서 일회용품을 많이 쓰고 있다. 일회용품은 한 번 쓰고 버리기 때문에 쓰레기가 많이 나온다. 우리가 조금만 노력하면 일회용품을 덜 쓸 수 있다. 일회용품의 사용을 줄여서 지구를 깨끗하게 만들자.

여러분이 선택한 내용으로 글의 짜임에 맞게 주장하는 글을 써 보세요.

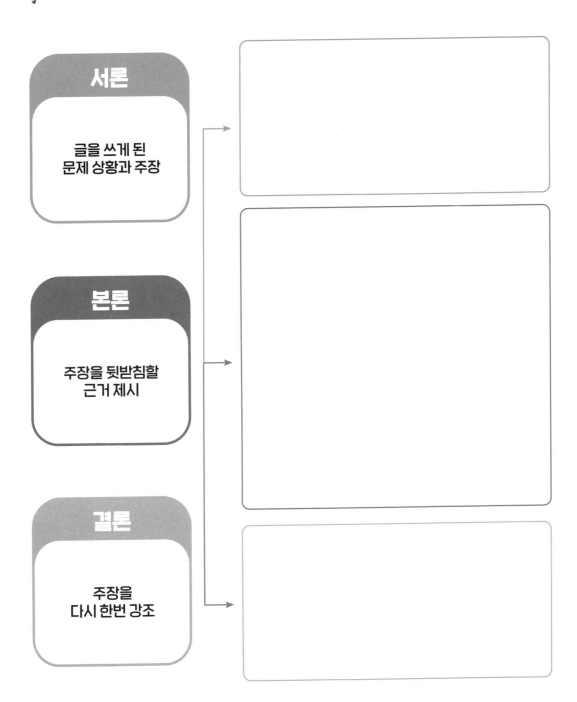

서론

글을 쓰게 된
문제 상황과 주장

본론

주장을 뒷받침할
근거 제시

결론

주장을
다시 한번 강조

여러분은 다른 사람을 설득하고 싶은 문제 상황이 있나요?
여러분이 선택한 문제 상황에 알맞은 주장하는 글을 써 보세요.

제목:

_____

_____

_____

_____

_____

_____

_____

_____

글쓰기 능력은
하루 아침에 만들어지지 않아요.
꾸준한 연습이 중요해요.

앞에서 쓴 글을 읽고, 빈칸에 V표 해 보세요.

내용	체크
문제 상황을 잘 파악했나요?	
주장을 명확하게 드러냈나요?	
주장을 뒷받침할 이유나 근거를 분명히 제시했나요?	
서론, 본론, 결론 부분의 내용이 짜임새 있게 구성되었나요?	
주장을 처음부터 끝까지 일관성 있게 썼나요?	
분명한 문장으로 썼나요?	
맞춤법, 띄어쓰기 등도 올바르게 작성되었나요?	

KEY POINT

주장하는 글을 쓰고 난 뒤에는 반드시 글을 점검하는게 좋아요.
글이 너무 길거나 어색하면 내 주장과 근거가 잘 드러나지 않아요.
글을 다시 점검하면서 자신의 주장을 조리 있게 설명해 상대방을
이해시키고 설득시켰는지, 근거는 정확하고 타당한지 등을
살펴봐야 해요. 글을 점검할 때는 소리 내어 읽어 보는 것도 좋아요.
그러면 내가 쓴 글이 다른 사람에게 잘 이해되는지 확인할 수 있어요.
글을 점검하는 것은 내가 쓴 글을 더 멋지고 알기 쉽게 만드는 중요한
과정이에요.

한눈에 정리하는 주장하는 글

1. 주장하는 글이란 무엇일까요?

상대방을 설득하기 위해 자신의 주장을 짜임새 있게 잘 드러내어 쓴 글을 주장하는 글이라고 해요. 주장하는 글에서 어떤 문제에 대한 글쓴이의 주장과 그 주장을 뒷받침하는 근거가 잘 드러나야 해요.

2. 주장하는 글은 어떻게 구성될까요?

주장하는 글은 서론, 본론, 결론으로 구성되어 있어요.

서론	글쓴이가 글을 쓰게 된 문제 상황과 글쓴이의 주장을 밝혀요.
본론	글쓴이의 주장을 뒷받침할 근거를 제시해요.
결론	글쓴이의 주장을 다시 한번 강조해요.

3. 이런 점을 주의해요

❶ '~했을 것이다. ~했으면 좋겠다.' 대신 '~해야 한다. ~라고 생각한다'라고 분명한 문장을 써야 해요.

❷ 처음부터 끝까지 주장이 논리적이어야 해요.

❸ 근거에 다른 자료를 인용할 때는 정확한 통계나 자료를 쓰고 출처를 꼭 밝혀요.

주장하는 글 핵심어를 잡아요

주장하는 글을 쓸 때 꼭 알아야 할 핵심어를
찾아 낚싯줄로 연결하세요.

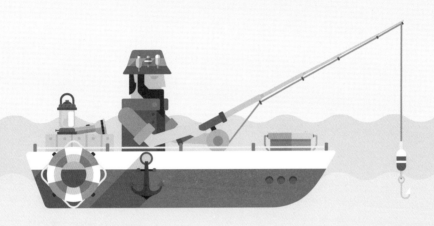

상상

일기

설득

사실

동시

편지

주장

근거

환상

CHAPTER 7

쏙쏙 연설하는 글 쓰기

안녕? 이번에는 연설하는 글을 알아볼 거야. 연설하는 글을 통해 당당하게 말하는 연습을 해 봐!

나와 함께 명화를
감상하면서 연설하는 글 쓰기를
시작해 보자.

🔹 그림 속 사람들은 무엇을 하고 있나요?

🔹 사람들은 왜 이곳에 모여 있을까요?

🔹 연설을 듣는 사람들은 무슨 생각을 하고 있을까요?

이 그림은 독일의 화가 필리프 폰 펠츠가 그린 〈페리클레스의 장례식 연설〉이에요. 그림 가운데 있는 사람이 고대 그리스의 폴리스의 하나인 아테네의 정치가 페리클레스예요. 페리클레스는 아테네 시민들에게 무엇인가를 이야기하고 있어요. 사람들은 페리클레스의 말을 주의 깊게 듣고 있지요. 고대 그리스의 정치가들은 연설을 아주 잘했어요. 민주 정치를 할 때 사람들을 설득하는 것이 중요했기 때문이지요.

연설은 여러 사람 앞에서 자신의 의견이나 주장을 설득하기 위한 말하기예요. 연설하는 글은 그 연설을 하기 위한 대본이지요. 그래서 듣는 사람이 집중할 수 있도록 내용뿐만 아니라 발음과 말하는 속도, 목소리의 크기, 몸짓까지 염두에 두고 써야 해요.

여러분도 앞으로 살아가면서 연설을 할 일이 생길 거예요. 떨려서 못 할 거 같다고요? 걱정하지 마세요. 누구든지 연설하는 글을 미리 쓰고 여러 번 연습하다 보면 점점 자신감이 붙어서 잘할 수 있어요. 그러려면 먼저 연설하는 글을 잘 써야겠지요.

꿀꺽이와 함께 연설하는 글에 대해 알아보면 연설문을 잘 쓸 수 있어요. 자, 이제 함께 시작해 볼까요?

생각을 열어요

✏️ 여러분은 연설을 해야 할 일이 있었나요? 학생회장 선거에 출마할 때, 졸업식에서 대표로 연설할 때, 상을 받았을 때 등을 떠올려 보세요.

졸업생을 대표해서 선생님들께 감사 인사드립니다.

저를 학생회장으로 뽑아 주시면 즐겁고 행복한 학교 생활을 할 수 있도록 만들겠습니다.

급식을 남기는 친구들이 많습니다.

오늘 제가 대상을 받을 수 있었던 것은 부모님과 선생님 덕분입니다.

연설하는 글이란 무엇일까요?

연설하는 글 2

학생회장 선거에 나가 본 적이 있나요? 나가 본 적이 없어도 다른 친구들이 연설하는 것을 본 적이 있을 거예요.

연설하는 글이란 어떤 목적을 이루기 위해 많은 사람 앞에서 자신의 의견이나 주장을 발표하는 거예요. 학생회장이 되기 위해 공약을 발표하거나 사회적인 문제를 해결하기 위해서 다른 사람을 설득하는 것을 목적으로 하는 경우가 있지요. 이 밖에도 다른 사람 앞에서 감사 인사나 축하 인사 등을 하는 것도 연설에 속해요.

연설하는 글은 눈으로 읽는 글이 아니고 귀로 듣는 글이에요. 듣는 사람의 특성을 생각해야 돼요. 어려운 낱말을 쓰거나 문장이 너무 길면 좋지 않아요. 연설하는 내용을 듣는 사람이 잘 이해할 수 있어야 하기 때문이에요.

KEY POINT

연설하는 글을 쓰면 좋은 점

❶ 연설할 내용을 미리 정리할 수 있어서 주장하고자 하는 내용을 더 정확하게 전달할 수 있어요.
❷ 연설 시간을 너무 길지 않게 조정할 수 있어요.
❸ 연설할 내용을 미리 연습할 수 있어서 실제로 연설할 때 실수를 줄일 수 있어요.

글쓰기 디자인을 해 봐요

1 문제 상황 살펴보기

2 문제 상황에 따른 내용 정하기

3 연설하는 글 개요 짜기

4 다양한 연설하는 글 알아보기

1. 문제 상황 살펴보기

 우리 주변에서 일어나는 문제 상황을 생각해 본 적이 있나요?
다음 그림을 보고, 문제 상황이 무엇인지 빈칸에 써 보세요.

교실에서 친구들이
장난을 많이 치고
교실을 더럽히고 있어요.

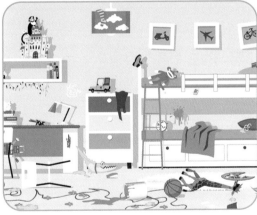

문제 상황을 해결하기 위해서 다른 사람을 설득하려면 무엇을 해야 할까요? 다음 예시 를 보고, 문제 상황을 해결하는 방법을 알아보아요.

| 예시 | 문제 상황: 친구들이 쉬는 시간에 교실에서 뛰어다녀요. |

문제점

교실이 너무 시끄럽고 지저분해졌어요.

해결 방법

쉬는 시간에 뛰어놀고 싶은 친구들은 운동장에 나가서 놀도록 해야 해요.

그렇게 생각한 이유

쉬는 시간에 책을 읽거나 조용히 이야기를 나누고 싶어 하는 친구들도 많기 때문이에요.

KEY POINT

다른 사람을 설득하려면 문제 상황이 왜 일어났는지, 어떻게 해결하는 것이 좋은지, 왜 그렇게 생각했는지를 고민해야 해요.

여러분이 해결하고 싶은 문제 상황을 정해 보세요.
그리고 문제점과 해결 방법, 그렇게 생각한 이유를 써 보세요.

문제 상황:

문제점

**해결
방법**

**그렇게
생각한 이유**

 KEY POINT

문제 상황에 관해서 다양한 관점에서 생각해 보아야 해요. 그래야 내 생각을
뒷받침할 수 있는 근거를 찾을 수 있어요.

3. 연설하는 글 개요 짜기

 연설하는 글은 처음, 중간, 끝 부분으로 짜여져 있어요. 다음 예시 를 보면서 연설하는 글의 짜임에 맞게 개요를 정리하는 방법을 알아보아요.

예시	제목: 횡단보도에서 신호등 신호를 잘 지키자

처음 부분	듣는 사람의 관심을 끄는 내용 제시	선택한 문제 상황은 무엇인가요? 친구들이 위험하게 횡단보도를 건넌다. 문제 상황에 대한 내 생각은 무엇인가요? 횡단보도를 건널 때 신호등 신호를 잘 지키자.
중간 부분	의견과 의견을 뒷받침하는 근거 제시	주제와 관련된 경험이 있나요? 등하굣길에 위험하게 건너는 친구들을 보았다. 의견은 무엇인가요? 신호등 신호를 잘 지켜야 한다. 근거는 무엇인가요? 지난 5년간 경찰청 통계 조사 결과 초등학생 교통사고 중 횡단보도에서 일어난 사고가 많았다. 해결 방법은 무엇인가요? 횡단보도를 건널 때는 신호등 신호를 잘 지켜야 한다.
끝 부분	희망적인 내용으로 마무리하기	내가 실천할 수 있는 것은 무엇인가요? 세 살 버릇이 여든까지 간다는 속담이 있듯이 어려서부터 신호등 신호를 잘 지키는 습관을 가져야 한다. 문제 상황이 해결되면 어떻게 될까요? 교통사고가 줄어들고, 등하굣길이 안전해진다.

자료 및 정보를 충분히 수집해야 나의 생각을 뒷받침할 수 있어요.

여러분이 해결하고 싶은 문제 상황이 있었나요?
여러분이 정한 문제 상황에 맞게 연설하는 글의 개요를 짜 보세요.

제목:

처음 부분	선택한 문제 상황은 무엇인가요?
	문제 상황에 대한 내 생각은 무엇인가요?
중간 부분	주제와 관련된 경험이 있나요?
	의견은 무엇인가요?
	근거는 무엇인가요?
	해결 방법은 무엇인가요?
끝 부분	내가 실천할 수 있는 것은 무엇인가요?
	문제 상황이 해결되면 어떻게 될까요?

다음 예시를 보고, 글의 짜임에 맞게 연설하는 글을 쓰는 방법을 알아보세요.

예시 **제목: 횡단보도에서 신호등 신호를 잘 지키자**

처음 부분

듣는 사람의 관심을 끄는 내용 제시

> 안녕하세요, 여러분!
> 초록불이 깜빡일 때 횡단보도를 건넌 적이 있나요? 저는 저희 학교 학생들이 위험하게 횡단보도를 건너는 모습을 자주 봅니다.

중간 부분

의견과 의견을 뒷받침하는 근거 제시

> 신호등 신호를 잘 지켜야 합니다.
> 횡단보도 사고는 초등학생에게 많이 일어납니다. 경찰청에 따르면 지난 5년간 초등학생 교통사고 1만 2273명 가운데 5,034명이 횡단보도를 건너다가 사고가 난 것으로 나타났습니다. 그럼 횡단보도를 건널 때 우리는 어떻게 건너야 할까요?
> 첫째, 횡단보도를 건널 때에는 멈추고, 주변을 살피고 건너야 합니다. 왜냐하면 신호등의 신호가 바뀌자마자 바로 건너면 뒤늦게 멈추는 차와 사고가 날 수 있기 때문입니다.
> 둘째, 신호등을 잘 확인하고 건너야 합니다. 신호등이 바뀌는 시간이 얼마 남지 않았는데 무시하고 건넌다면 신호가 바뀌어서 차가 움직일 수 있기 때문입니다.

끝 부분

희망적인 내용으로 마무리하기

> '세 살 버릇이 여든까지 간다.'라는 속담이 있습니다. 어렸을 때부터 신호등의 신호를 잘 지키는 습관을 갖는다면 어른이 되어서도 교통질서를 잘 지킬 것입니다. 우리의 실천이 등하굣길을 안전하게 만들어 줍니다.

여러분이 선택한 문제 상황으로 글의 짜임에 맞게 연설하는 글을 써 보세요.

제목:

처음 부분

듣는 사람의
관심을 끄는
내용 제시

중간 부분

의견과 의견을
뒷받침하는
근거 제시

끝 부분

희망적인
내용으로
마무리하기

4. 다양한 연설문 알아보기 (선거 연설)

 학급 반장 선거에 나가 본 적이 있나요? 연설하는 글의 개요에 맞게 학급 반장 선거 연설문을 쓰는 방법을 알아보아요.

처음 부분	• 자기소개 하기 • 출마 이유 밝히기	김치, 치즈, 스마일 안녕하십니까? 저는 3학년 때 반장으로 활동하면서 선행상과 봉사상을 받은 예지입니다. 저는 3학년 때의 경험을 살려 4학년 때도 재미있고 즐거운 학급을 만들고 싶습니다.
중간 부분	• 공약 설명하기 • 학급 반장이 되어야 하는 이유 설명하기	제가 반장이 된다면 재미있는 반을 만들겠습니다. 첫째, 쉬는 시간에 보드게임을 할 수 있도록 하겠습니다. 다른 반의 친구들을 만나러 가거나 혼자 있는 친구가 없도록 다양한 보드게임을 준비하겠습니다. 둘째, 한 달에 한 번은 다양한 놀이 시간을 만들겠습니다. 공기놀이, 제기차기, 피구, 발야구 등 우리 모두가 함께하는 다양한 놀이를 준비하겠습니다.
끝 부분	• 학급 반장으로 뽑아 달라고 호소하기	저를 반장으로 뽑아 주신다면 우리 반은 웃음이 가득한 반이 될 수 있습니다. 웃음꽃이 피어나는 4학년 1반을 만들고 싶으시다면 꼭 저를 뽑아 주십시오.

 KEY POINT

자기소개는 남들이 기억하기 좋고 재미있게 해야 하고, 공약은 실천할 수 있는 것을 내세워야 해요.

여러분이 학급 반장 선거에 나간다면 어떤 공약을 내세우고 싶나요?
학급 반장 선거 연설문을 개요에 맞게 써 보세요.

처음 부분	
중간 부분	
끝 부분	

연설문을 쓸 때는
적절한 표정, 몸짓, 침묵 등을
생각하면서 쓰는 것이 좋아.

연설하는 글은
꼭 높임말을 써야 해.

'행복'이 무엇인지 생각해 본 적이 있나요?
친구들 앞에서 자신의 생각을 연설하는 방법을 알아보아요.

처음 부분	• 주제와 관련된 질문을 듣는 사람에게 던지며 시작하기 • 듣는 사람의 관심 끌기	친구 여러분 안녕하세요? 여러분은 '행복한 어린이'라는 말을 들으면 어떤 생각이 드나요? 오늘 저는 우리가 어떻게 행복한 어린이가 될 수 있는지를 함께 이야기해 보려고 해요.
중간 부분	• 자신의 생각을 자세히 밝히기 • 자신의 의견을 뒷받침하는 근거 제시하기	첫째, 친구와의 우정이에요. 친구와 함께 놀고, 서로의 이야기를 나누는 것은 정말 큰 기쁨이죠. 둘째, 가족의 사랑이에요. 가족은 우리가 처음으로 사랑을 배우는 곳이에요. 가족과 함께 웃고 이야기하는 시간은 우리에게 큰 힘이 돼요. 셋째, 자신의 꿈과 취미가 있어야 해요. 그림 그리기, 운동하기, 음악 듣기 같은 자신이 좋아하는 활동을 통해 우리는 재미를 느끼고, 더 많은 에너지를 얻을 수 있어요.
끝 부분	• 학생 내용을 정리하고 희망적인 내용으로 마무리하기	이처럼 행복한 어린이가 되려면 작은 것에 감사하는 마음을 키우고, 주변에서 행복을 찾아야 해요. 그렇게 하면 우리는 더욱 행복한 어린이가 될 수 있을 거예요.

사람의 마음을 움직이려면 다른 사람의 공감을 받아야 해요. 슬픈 이야기나 감동적인 경험을 나누면 사람들이 연설 내용에 더 귀를 기울이게 돼요.

학교를 졸업할 때 학생들을 대표해서 연설하는 경우가 있어요.
졸업생을 대표해서 사람들 앞에서 연설하는 방법을 알아보아요.

처음 부분	• 인사말 하기 • 축하의 말 전하기	안녕하세요? 사랑하는 졸업생 여러분, 존경하는 선생님들, 그리고 부모님들! 오늘 여러분과 이 자리에 함께할 수 있어 매우 기쁩니다. 졸업식은 새로운 시작을 축하하는 특별한 날입니다. 초등학교를 졸업하고 중학교라는 새로운 단계로 나아가는 졸업생 여러분이 정말 자랑스럽습니다.
중간 부분	• 졸업생에게 격려의 말 전하기 • 선생님과 부모님께 감사의 말 전하기	졸업생 여러분, 여러분의 노력과 경험은 앞으로 큰 힘이 될 것입니다. 초등학교에서의 지식과 소중한 추억은 항상 여러분과 함께할 것입니다. 이제 중학교에 가면 더 많은 기회와 도전이 기다리고 있습니다. 두려워하지 말고 긍정적인 마음으로 새로운 것에 도전해 보세요. 부모님과 선생님들께도 감사드립니다. 부모님과 선생님의 사랑과 지지가 없었다면 우리 졸업생들은 오늘 이 자리에 서지 못했을 것입니다. 앞으로도 졸업생들이 성장할 수 있도록 응원해 주세요.
끝 부분	• 희망적인 내용으로 마무리하기	마지막으로 졸업생 여러분! 우리의 미래는 밝습니다. 꿈을 크게 가집시다. 우리는 할 수 있습니다. 감사합니다!

 KEY POINT

연설하는 글을 읽으면서 가장 인상 깊었던 부분은 무엇인지, 내가 연설문을 읽는다면 어떤 목소리로 읽을지, 어떤 표정으로 읽어야 할지 생각하면서 읽어 보세요.

글쓰기를 해 봐요

✏️ 주변에서 문제 상황을 찾아보고, 문제 상황을 해결하기 위한 연설하는 글을 써 보세요.

제목:

_____

_____

_____

_____

_____

_____

_____

앞에서 쓴 글을 읽고, 빈칸에 V표 해 보세요.

내용	체크
연설을 들을 대상에 맞게 주제를 잘 설정했나요?	
듣는 사람이 지루하지 않도록 말하기 속도나 강조할 내용을 정했나요?	
실천할 수 있는 공약을 내걸었나요?	
처음, 중간, 끝 부분이 짜임새 있게 구성되었나요?	
글의 흐름이 매끄럽게 이어졌나요?	
맞춤법, 띄어쓰기 등도 올바르게 되어 있나요?	
위의 체크 항목에서 수정해야 할 부분을 고쳐쓰기 했나요?	

KEY POINT

연설하는 글은 연설하기 위해서 쓴 글이에요.
글을 쓰고 실제처럼 여러 번 읽어 보세요.
그래야 연설할 때 떨지 않고 정확한 내용을
전달할 수 있어요. 연설할 때는 편안한 표정으로
듣는 사람들과 고루 눈을 맞추어야 해요. 말의
속도는 빠르지 않아야 해요. 강조할 내용에서는
손짓과 몸짓을 쓰는 것도 좋아요.

한눈에 정리하는 연설하는 글

1. 연설하는 글이란 무엇일까요?

연설하는 글이란 사람들 앞에서 내 생각을 말하기 위해서 쓴 글이에요. 자신의 견해를 말하고 다른 사람의 생각이나 행동의 변화를 일으키기 때문에 주장하는 글과 비슷해요. 연설하는 글은 다른 사람을 설득하기 위해서 뿐만 아니라 선거에 나가 자신을 뽑아 달라고 할 때, 자신의 평소 생각을 다른 사람에게 알릴 때, 졸업식이나 입학식 등에서 대표로 축하할 때 쓰기도 해요.

2. 연설하는 글은 어떻게 쓸까요?

처음 부분	• 문제 상황을 제시하고 듣는 사람의 관심을 끄는 내용으로 시작해요.
중간 부분	• 자신의 주장과 주장을 뒷받침하는 근거를 써요. • 해결 방안을 제시해야 해요.
끝 부분	• 일상생활에서 실천할 수 있는 내용을 써요. • 듣는 사람에게 희망을 주는 내용으로 마무리해요.

3. 이런 점을 주의해요

❶ 읽는 사람이 잘 이해할 수 있도록 써야 해요.

❷ 내용이 지루하지 않게 너무 길게 쓰지 않도록 써요.

❸ 실제로 겪은 일이나 사실만을 쓰도록 해요.

❹ 듣는 사람이 여러 명이므로 높임말을 써야 해요.

❺ 주장하고 싶은 내용에 대한 자료를 충분히 수집해야 해요.

연설하는 글 핵심어를 잡아요

연설하는 글을 쓸 때 꼭 알아야 할 핵심어를
찾아 낚싯줄로 연결하세요.

 발표

 학교

 설득

 상상

 비유

 근거

 책상

 실천

 상상

CHAPTER 8

척척

독서 감상 글 쓰기

책 읽는 것을 좋아하니?
독서 감상 글을 쓰는 방법에 대해
알게 되면 책 읽는 것이
더 즐거워질 거야.

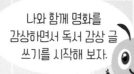

나와 함께 명화를 감상하면서 독서 감상 글 쓰기를 시작해 보자.

🔹 그림 속 사람은 무엇을 하고 있나요?

🔹 무슨 책을 읽고 있을까요?

🔹 책을 읽고 어떤 생각을 할까요?

180

이 그림은 프랑스 화가 피에르 오퀴스트 르누아르가 그린 〈책 읽는 여인〉이라는 작품이에요. 르누아르는 여성과 아이들의 행복한 순간을 많이 그렸어요. 특히 빛과 어둠을 잘 살려 인물의 표정을 생생하게 표현했어요.

그림 속 여인은 조용히 미소를 지으며 책을 읽고 있어요. 무슨 내용일까요? 그림 속 여인이 쓴 독서 감상 글이 있다면 알 수 있을 텐데, 아쉽네요!

자신이 읽은 책에 대한 생각과 소감, 느낌을 정리한 것을 '독서 감상 글' 또는 '독후감'이라고 해요. 새롭게 알게 된 사실이나 가장 기억에 남는 장면 등도 적어요. 요즘에는 독서 감상 글을 자신의 블로그(blog)나 에스엔에스(SNS)에 올려서 여러 사람과 생각을 주고받기도 해요.

책을 자주 읽지만 독서 감상 글을 쓰는 방법은 잘 모르겠다고요?
걱정 말아요. 독서 감상 글을 잘 쓰는 방법을 차근차근 안내해 줄 테니 꿀꺽이만 믿고 따라오세요.

그럼 꿀꺽이와 함께 독서 감상 글의 세계로 함께 출발해 볼까요?

생각을 열어요

 도서관에 가면 다양한 분야의 책이 아주 많아요.
여러분이 도서관에서 읽고 싶은 책을 떠올려 보세요.

난 감동을 주는
동화를 읽을 거야

나는 훌륭한 사람들에
관한 책을 읽을 거야

난 우주의 신비에
관한 책을 읽을 거야

독서 감상 글이란 무엇일까요?

책을 읽고 나면 '재미있다, 슬프다, 화난다' 등 어떤 감정이나 생각, 느낌이 떠오르지요? 이렇게 책을 읽고 난 후 자신의 생각이나 느낌을 솔직하게 정리한 글을 '독서 감상 글' 혹은 '독후감'이라고 해요.

독서 감상 글에서 가장 중요한 것은 책의 내용에 대한 '나'의 생각이에요. 누군가에게 보여 주기 위해 글을 쓰는 것보다 나의 생각과 느낌을 솔직하게 쓰는 것이 중요해요.

책을 읽은 후 새롭게 알게 된 사실, 재미있거나 감동받은 부분, 인상 깊은 장면 등을 솔직하게 쓰면 되는 것이죠. 특히 감명 깊게 읽은 부분이나 인상 깊었던 장면을 소개하고, 그 이유를 구체적으로 써 주면 더 좋아요.

KEY POINT

책에서 감동받은 부분 찾는 방법!

❶ 등장인물의 행동이나 말에서 깨달음이나 교훈을 얻을 수 있는 부분을 찾아보세요.

❷ 자신의 경험이나 생각과 비슷해서 공감할 수 있는 장면을 찾아보세요.

❸ 내 생각과 달라서 의문점이 생기는 부분이나 질문이 생기는 부분을 찾아보세요.

독서 감상 글 3

글쓰기 디자인을 해 봐요

1 책 고르기

2 책에서 인상 깊은 장면 고르기

3 책 읽고 느낀 점 표현하기

4 내 경험과 연결시켜 써 보기

5 책 내용 더 깊이 바라보기

6 정보책 독서 감상 글 쓰기

7 독서 감상 글 개요 짜기

8 독서 감상 글 제목 짓기

9 다른 형식의 독서 감상 글

1. 책 고르기

 독서 감상 글을 쓰고 싶은 책을 고르고, 그 이유를 써 보세요.

예시

내가 고른 책: 세상을 바꾼 훌륭한 위인들에 대한 책이다.

내가 이 책을 고른 이유: 나도 위인들을 본받아서 훌륭한 사람이 되고 싶기 때문이다.

내가 고른 책: _____이다.

내가 이 책을 고른 이유: _____

_____

_____
_____ 때문이다.

내가 고른 책: _____이다.

내가 이 책을 고른 이유: _____

_____

_____
_____ 때문이다.

 KEY POINT

독서 감상 글은 책을 읽고 새롭게 알게 된 내용, 감동적인 내용,
교훈을 얻은 내용을 써요.

독서 감상 글을 쓸 때는 인상 깊은 장면을 중심으로 책 내용을 정리하는 것이 좋아요. 다음 예시 처럼 책을 읽고 가장 인상 깊은 장면과 그 이유를 써 보세요.

예시

책 제목: 《프린들 주세요》

가장 인상 깊은 장면: 나는 닉이 문구점에 가서 주인 아주머니에게 펜이 아니라 "프린들 주세요." 라고 말했던 장면이 가장 인상 깊었다.

그 이유: '펜'이라는 말은 모두 약속한 말인데 혼자 '프린들'이라고 새로운 이름을 붙인 닉이 용감해 보였기 때문이다. 그리고 '프린들'을 사전까지 실리게 한 닉이 대단하다고 생각했다.

책 제목: _____

가장 인상 깊은 장면: _____

_____

_____

그 이유: _____

_____

_____

책을 읽으면서 감정과 생각이 많이 생기는 부분이나 교훈을 얻을 수 있는 부분을 찾아봐!

내용을 정리할 때는 인상 깊은 곳을 중심으로 간략하게 써야 해요.

독서 감상 글을 쓸 때는 생각이나 느낌을 표현해야 해요.
다음 예시 처럼 책을 읽고 새롭게 알게 된 것, 생각과 느낌을 써 보세요.

예시

책 제목: 《김만덕》

새롭게 알게 된 것: 제주도는 흉년이 들면 다른 지역보다 백성들의 피해가 더 크다는 것을 알게 되었다.

생각과 느낌: 김만덕은 흉년으로 식량이 떨어져 힘들어하던 제주 백성들을 도왔다. 나는 김만덕이 어려운 사람을 도와주는 따뜻한 마음에 감동했다.

책 제목: _____

새롭게 알게 된 것: _____

_____

_____

생각과 느낌: _____

_____

_____

독서 감상 글을 쓸 때는 자신의 생각이나 느낌을 자세하게 쓰는 게 좋아요.

독서 감상 글을 쓸 때는 책 내용과 내 경험을 비교해 보면 좋아요.
다음 **예시** 처럼 책 내용과 관련된 내 경험을 써 보세요.

예시

《토끼와 거북이》의 내용	나도 이런 경험이 있어요
옛날에 토끼와 거북이가 살았다. 어느 날 토끼가 거북이에게 느림보라고 놀려 대자, 거북이는 토끼에게 달리기 경주를 하자고 했다. 경주가 시작되고 토끼는 거북이가 한참 뒤쳐진 것을 보고 나무 밑에서 잠을 잤다. 거북이는 잠을 자는 토끼를 지나 열심히 달려 먼저 도착했다. 잠에서 깬 토끼는 거북이가 이긴 것을 보고 자신의 행동을 후회했다.	나는 수학을 꽤 잘하는 편이다. 학교에서도 학원에서도 선생님들에게 수학을 잘한다는 칭찬을 받았다. 그래서 나는 수학을 못하는 친구들을 우습게 보는 마음이 있었다. 수학을 열심히 공부하지 않아도 점수가 잘 나왔기 때문에 나는 점점 수학 공부를 게을리했다. 그랬더니 수학 성적이 떨어졌다. 나보다 수학을 못했던 친구가 수학을 더 잘해서 선생님들께 칭찬을 받았다. 나는 《토끼와 거북이》를 읽으면서 토끼처럼 게을러졌던 내 모습을 반성하게 되었다.

책 내용	나도 이런 경험이 있어요!

독서 감상 글을 쓸 때는 내가 주인공이 되는 상상을 해 보면 좋아요.
다음 [예시]를 보고, 내가 주인공이라면 어떤 선택을 했을지 써 보세요.

[예시]

《심청전》의 내용	내가 주인공이라면
옛날 어느 마을에 앞 못 보는 심학규와 어린 딸이 살고 있었다. 어느 날 심학규는 삼백 석을 바치면 눈을 뜰 수 있다는 소식을 들었다. 심청은 아버지의 눈을 뜨게 하려고 공양미 삼백 석을 바치는 대신 인당수에 빠졌다. 그러나 상제의 도움을 받아 왕비가 되어 아버지를 다시 만나고 심학규도 눈을 뜨게 되었다.	심청이가 아버지의 눈을 뜨게 하기 위해 인당수에 빠진 것은 진정한 효도가 아닌 것 같다. 왜냐하면 앞을 못 보는 불편한 아버지를 옆에서 돌봐드리고, 챙겨드리는 것이 더 효도라고 생각하기 때문이다. 만약 나였다면 다른 방법으로 공양미 삼백 석을 구할 방법을 찾았을 것이다.

책 내용	내가 주인공이라면

6. 정보책 독서 감상 글 쓰기

 정보책을 읽고 독서 감상 글을 쓰는 방법을 알아보아요.

 과학책이나 역사책처럼 정보를 알려 주는 책을 읽고 독서 감상 글을 어떻게 써야 할까?

어떤 점이 가장 힘들어?

 책의 줄거리를 쓰기 힘들고, 생각과 느낌을 쓰기도 힘들어.

몇 가지만 잘 기억하면 그렇게 정보책을 정리하는 것도 어렵지 않아.

 어떻게 정리하면 돼?

미리 알고 있었던 지식, 책을 읽고 새롭게 알게 된 내용, 더 알고 싶은 내용을 중심으로 쓰면 돼. 또 정보책의 전체 내용보다는 인상 깊은 정보를 중심으로 생각과 느낌을 써도 좋아.

 KEY POINT

정보책을 읽고 독서 감상 글을 쓸 때는 책 속의 정보가 우리 삶에 끼치는 영향도 함께 정리하면 좋아요.

다음 예시 를 보고, 여러분이 읽은 정보책의 내용을 정리해서 써 보세요.

예시

책 제목	《한지돌이》
이미 알고 있던 내용	우리나라의 한지는 우수한 발명품이다.
새로 알게 된 내용	한지의 재료는 닥나무이고, 여러 과정을 거쳐 정성스럽게 만들어진다는 것을 알았다.
더 알고 싶은 내용	한지와 종이의 차이점을 더 알고 싶어졌다.
생각과 느낌	우리는 지금 서양식 종이를 쓰고 있지만 우리 한지를 더 잘 알고 자부심을 가져야겠다고 생각했다.

책 제목	
이미 알고 있던 내용	
새로 알게 된 내용	
더 알고 싶은 내용	
생각과 느낌	

독서 감상 글을 쓰기 전에 개요를 짜야 해요.
다음 예시 를 보고, 독서 감상 글의 개요를 짜는 방법을 알아보아요.

예시

처음 부분	책 제목	《프린들 주세요》
	글쓴이와 그린이 소개	글쓴이: 앤드루 클레먼츠 그린이: 양혜원
	책을 읽게 된 이유	도서관에서 추천해서 읽었다.
중간 부분	책의 줄거리	5학년 기발한 소년 '닉'이 '펜' 대신 '프린들'이라는 단어를 만들어 사용하고, 학교와 마을 사람들도 '프린들'을 사용하게 되면서 10년 뒤에는 '프린들'이 사전에 오르게 되었다.
	인상 깊은 장면	닉이 문구점 아주머니에게 "프린들 주세요."라고 말한 장면이 가장 인상이 깊었다. 단어가 새롭게 만들어지고 바뀌고 사라진다는 것을 알게 되었기 때문이다.
끝 부분	생각과 느낌	닉의 생각이 기발해서 재미있었다. 하지만 단어를 바꾸면 혼란스러워질 거 같은 걱정도 들었다. 이 책을 읽기 전에는 신조어와 유행어가 재미있다고만 생각했지만 이 책을 읽고 난 뒤에는 새로운 말을 쓰는 것에 더 신경을 쓰게 되었다.

앞의 예시 를 참고하여, 내가 선택한 책의 개요를 짜 보세요.

처음 부분	책 제목	
	글쓴이와 그린이 소개	
	책을 읽게 된 이유	
중간 부분	책의 줄거리	
	인상 깊은 장면	
끝 부분	생각과 느낌	

✏️ 다음 를 보고, 독서 감상 글의 제목을 짓는 방법을 알아보아요.

예시

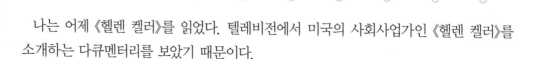

　나는 어제 《헬렌 켈러》를 읽었다. 텔레비전에서 미국의 사회사업가인 《헬렌 켈러》를 소개하는 다큐멘터리를 보았기 때문이다.

　헬렌 켈러는 어려서 심하게 앓은 뒤에 보지도 듣지도 못하게 됐다. 하지만 설리번 선생님을 만나면서 공부를 열심히 해서 대학에 들어갔다. 대학을 졸업한 뒤에는 어려운 사람들을 도와주기 위해 평생을 노력했다.

　헬렌 켈러가 온갖 어려움을 뚫고 공부한 뒤에 자신보다 어려운 사람들을 돕는 모습은 감동이었다. 나도 헬렌 켈러처럼 어려운 사람을 돕는 사람이 되어야겠다.

책에 나오는 글귀를 이용하는 방법

헬렌은 포기하지 않았다

-《헬렌 켈러》를 읽고

주인공의 업적을 드러내는 방법

장애를 극복한 헬렌 켈러

-《헬렌 켈러》를 읽고

책의 주제를 드러내는 방법

서로 돕고 배려하는 삶

-《헬렌 켈러》를 읽고

흥미를 유발하는 방법

말썽꾸러기 헬렌 켈러와 설리번 선생님

-《헬렌 켈러》를 읽고

읽은 책을 더 드러내려면 '○○○○을 읽고'처럼 책 제목이 들어간 제목을 덧붙여 주면 돼요.

 다음 독서 감상 글을 읽어 보세요. 그리고 예시 처럼 독서 감상 글의 제목과 그 제목을 지은 이유를 써 보세요.

 지구가 점점 뜨거워지고 있다는 소식을 들었다. 사람들이 환경을 보호하지 않기 때문이다. 그러던 중 도서관에 갔다가 《우리 조상들은 어떻게 지구를 지켰을까?》라는 책을 보았다. 흥미 있는 책 제목에 이끌려 이 책을 빌려서 읽었다.

 이 책은 모두 일곱 가지 내용으로 구성되어 있다. 그중에서 나는 용분이의 조각보 이야기가 가장 흥미가 있었다. 자투리 천을 모아 예쁜 조각보를 만든 용분이를 보며 환경을 지키는 우리 조상들의 지혜를 알 수 있었기 때문이다.

 이 책을 읽고서 환경을 보호하기 위해 내가 가진 물건을 아끼고 필요 없는 물건을 사지 않겠다고 다짐했다.

예시

제목: 우리 조상들의 지혜가 숨어 있는 조각보

제목을 지은 이유: 이 책에서 가장 인상 깊은 내용을 강조하기 위해서

제목:

제목을 지은 이유:

KEY POINT

 독서 감상 글에서 내가 특별하게 강조한 내용을 찾아서 제목을 지어도 돼요.

독서 감상 글을 독서 신문처럼 만들 수도 있어요.
최근에 읽은 책을 골라 독서 감상 글을 신문처럼 만들어 보세요.

꿀꺽이의 꿀잼 독서 신문

작가 소개	줄거리
인상 깊은 장면	더 알고 싶은 내용
생각과 느낌	

나만의 독서 신문 만들기를 해 봐요.

KEY POINT

독서 신문에는 책 소개, 독서 퀴즈, 광고, 만화, 추천 도서 등 다양한 내용을 넣을 수 있어요.

✏️ 최근에 읽은 책을 골라 독서 감상 글을 동시처럼 써 보세요.

✏️ 최근에 읽은 책을 골라 독서 감상 글을 편지처럼 써 보세요.

글쓰기를 해 봐요

 최근에 읽은 책 중에서 가장 기억에 남는 책을 골라 독서 감상 글을 써 보세요.

제목:

_____

_____

_____

_____

_____

_____

_____

앞에서 쓴 글을 읽고, 빈칸에 V표 해 보세요.

내용	체크
책의 줄거리와 자신의 감상 내용이 모두 포함되었나요?	
자신의 감상을 잘 드러낼 수 있는 적절한 표현을 사용했나요?	
책에 대한 자신의 솔직한 느낌과 인상이 잘 드러났나요?	
처음, 중간, 끝 부분이 짜임새 있게 구성되었나요?	
독서 감상 글의 제목과 감상 내용이 통일성 있게 연결되었나요?	
맞춤법, 띄어쓰기 등도 올바르게 작성되었나요?	
위의 체크 항목에서 수정해야 할 부분을 고쳐쓰기 했나요?	

KEY POINT

독서 감상 글을 쓰고 나서 자신이 쓴 글을 다시 한번 읽어 보았나요? 독서 감상 글을 다시 읽으면 책의 내용을 오래 기억할 수 있어요. 그리고 글쓴이가 책을 쓴 이유도 다시 생각해 볼 수 있지요. 책을 읽을 때마다 독서 감상 글을 쓰면 저절로 글쓰기 실력이 늘어날 뿐만 아니라 다른 글쓰기를 할 때도 도움이 된답니다. 책을 읽고 독서 감상 글을 쓰는 습관을 들이도록 해요.

독서 감상 글 5
한눈에 정리하는 독서 감상 글

1. 독서 감상 글이란?

독서 감상 글이란 책을 읽은 뒤 가장 인상 깊은 장면, 마음속에 남는 느낌과 생각 등을 자유롭게 풀어 쓴 글을 말해요.

책 속에서 가장 인상 깊은 장면이나 새롭게 알게 된 점, 느낀 점을 쓸 때에는 그 이유를 구체적으로 작성해야 충실하고 진솔한 독서 감상 글이 될 수 있어요.

2. 독서 감상 글은 어떻게 쓸까요?

처음 부분	• 책 제목을 써요. • 글쓴이와 그린이를 소개해요. • 책을 읽게 된 이유를 써요.
중간 부분	• 책의 줄거리를 써요. • 책에서 인상 깊게 읽은 장면을 써요. • 책을 읽고 새롭게 알게 된 점을 써요.
끝 부분	• 이 책을 읽고 난 생각과 느낌을 써요.

3. 독서 감상 글의 다양한 형식

독서 감상 글은 책을 읽은 후 진행하는 독후 활동 중 하나로 다양한 방법으로 쓸 수 있어요. 예를 들어 독서 신문 만들기, 책 속 인물 인터뷰하기, 등장인물에게 편지 쓰기, 만화로 구성하기 등의 형식으로 독서 감상 글을 쓸 수도 있지요. 이렇게 다양한 형식의 독서 감상 글은 글쓰기의 재미를 한층 더 느끼게 할 거예요.

독서 감상 글 핵심어를 잡아요

독서 감상 글을 쓸 때 꼭 알아야 할
핵심어를 찾아 낚싯줄로 연결하세요.

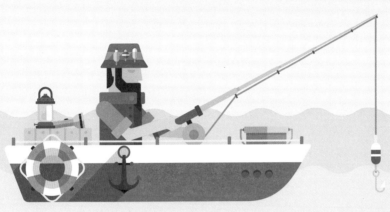

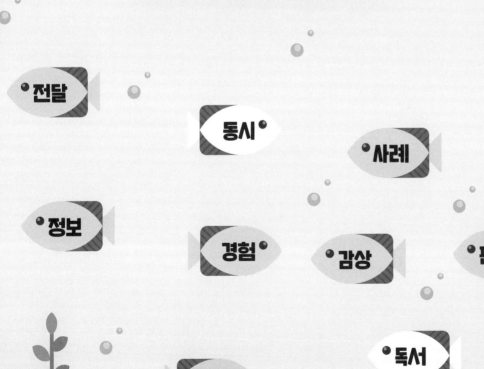

전달

동시

사례

공감

정보

경험

감상

편지

독서

생활

CHAPTER 9

뭉게뭉게
상상하는 글 쓰기

마지막은 상상하는 글을 알아볼 거야.
마음껏 상상하다 보면
글쓰기에 푹 빠지게 될걸?
나만 따라와!

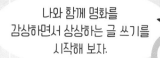

나와 함께 명화를 감상하면서 상상하는 글 쓰기를 시작해 보자.

🔹 그림 속 사람은 누구를 쳐다보고 있을까요?

🔹 어떤 생각을 하고 있을까요?

🔹 무슨 이야기를 하고 싶은 걸까요?

이 그림은 네덜란드의 화가 얀 페르메이르의 걸작으로 지금까지 많은 사람의 사랑을 받고 있는 〈진주 귀걸이를 한 소녀〉예요. 정말 유명한 작품이지요.

호기심 어린 눈으로 관객을 쳐다보는 이 소녀에게는 무슨 사연이 있을까요? 페르메이르는 이 소녀를 왜 그렸을까요? 이 그림을 보고 있으면 여러 가지 상상을 하게 돼요. 실제로 미국의 소설가 트레이시 슈발리에는 이 그림을 보고 상상의 나래를 펴 나가며 글을 쓰기 시작했어요. 그리고 이 작품의 모델을 주인공으로 한 《진주 귀고리 소녀》라는 책을 펴냈고, 엄청난 인기를 얻었어요.

상상하는 글은 나의 생각을 자유롭게 펼쳐 내서 쓰는 글을 말해요. 상상을 한다는 건 정말 즐거운 일이에요. 어떤 이야기라도 만들어 낼 수 있지요. 우리 주변에 있는 모든 것을 자세히 살펴보고 상상을 해 보세요! 나만의 특별한 작품, 멋진 이야기가 탄생할 거예요.

이번에는 꿀꺽이를 따라서 상상하는 글쓰기를 배워 볼까요?
생각하는 즐거움과 신나는 글쓰기를 경험할 수 있을 거예요.

생각을 열어요

새로운 세계로 나가는 문이 있다고 상상해 보세요.
이 문을 열면 어떤 일이 일어날지 자유롭게 떠올려 봅시다.

이 문을 열고 나가면
시원한 바닷가였으면 좋겠어.
지금은 너무 더워.

문밖이 우주였으면 좋겠어.
우주에서 지구를 바라보면
어떤 느낌일까?

문밖으로 나가면
영국이면 좋겠어.
영국으로 이민 간
친구가 보고 싶어.

상상하는 글이란 무엇일까요?

상상하는 글은 내 생각을 자유롭게 펼쳐 내서 쓰는 글을 말해요. 상상은 누구든지 자유롭게 할 수 있어요. 현실에서 일어나지 않는 일들을 자유롭게 상상하는 것만으로도 우리는 즐거운 감정과 느낌을 경험할 수 있지요.

상상은 우리 주변에서 일어나는 일을 특별하게 만들 수 있어요. 그 특별함을 글로 표현하는 것이 바로 '상상하는 글쓰기'예요.

상상을 하기 위해서는 주변을 잘 관찰하는 것이 중요해요. 일상에서 흔히 볼 수 있는 물건을 보면서 하나씩 질문을 할 수도 있고, 생명을 불어넣어 살아 있는 것처럼 대화를 주고받을 수도 있어요.

상상은 생각하는 힘을 길러 주어요. 우리가 생각할 때 뇌는 아주 빠르게 움직여요. 그렇게 되면 뇌는 춤을 추듯 즐거워지고 상상력과 창의력을 키울 수 있답니다.

KEY POINT

상상하기의 좋은 점!

❶ 즐거운 감정과 느낌을 경험할 수 있어요.
❷ 생각하는 힘을 길러 주어요.
❸ 상상력과 창의력을 키울 수 있어요.

상상하는 글3

글쓰기 디자인을 해 봐요

1 글감 찾기

2 글감과 관련된 상상 펼치기

3 등장인물 만들기

4 배경 만들기

5 사건 만들기

6 상상하는 글 개요 짜기

상상하는 글의 글감을 찾으려면 어떻게 해야 할까요?
다음 물음에 답하면서 글감 찾는 연습을 해 보아요.

❶ 좋아하는 것을
다섯 개만 써 보세요.

❷ 좋아하는 것들을
순서대로 써 보세요.

❸ 다섯 개 중에서 가장 상상하기
좋은 소재는 무엇인가요?

❹ 소재와 관련되어 떠오르는
단어나 느낌을 마음껏 써 보세요.

 KEY POINT

내가 평소에 좋아하는 것이나 관심사를 바탕으로 상상을 하게 되면 상상하기가
더욱 수월하고 재미있어져요.

✏️ 글감을 정했으면 글감과 관련된 상상을 해 볼까요? 다음 예시 처럼 정해진 글감과 관련하여 떠오르는 것을 자유롭게 써 보세요.

예시

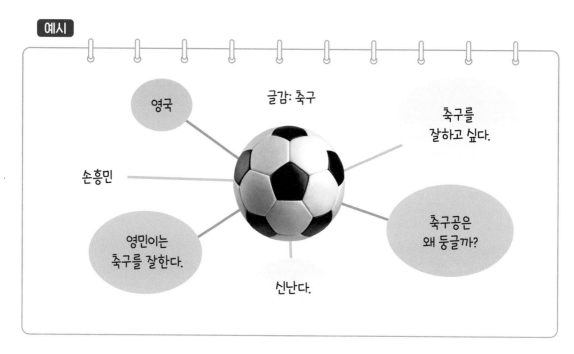

영국

글감: 축구

축구를 잘하고 싶다.

손흥민

축구공은 왜 둥글까?

영민이는 축구를 잘한다.

신난다.

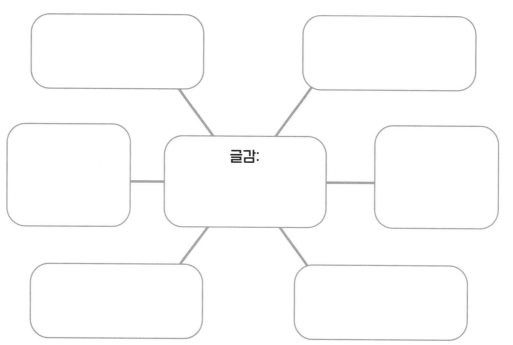

글감:

글감과 관련된 것들을 자유롭게 상상했나요? 다음 예시 처럼
앞서 생각한 내용에 나만의 상상력을 더해 글을 써 보세요.

예시

글감	축구
상상 하기	축구는 화성에서도 할 수 있을까?
	축구공이 네모 모양으로 생기면 어떻게 될까?
	화성에도 손흥민처럼 축구를 잘하는 사람이 있을까?

글감	
상상 하기	

3. 등장인물 만들기

글감을 정했으면 등장인물을 만들어야 해요.
다음 예시 를 보고, 등장인물을 만드는 방법을 알아보아요.

예시

주인공

이름: 손용민
생김새: 키가 크고 근육이 많다.
성격: 잘 웃고 다정하다
특이한 점: 세계에서 네모난 공을 가장 잘 다룬다.

이름: 민호
생김새: 쌍꺼풀이 있고 얼굴색이 짙다.
성격: 농담을 좋아하고 유쾌하다.
특이한 점: 손용민을 위험에서 구해 준다.

**주인공을
도와주는
인물**

**주인공을
괴롭히는
인물**

이름: 마르
생김새: 볼이 통통하고 눈썹이 짙다.
성격: 승부욕이 강하고 거친 말을 잘 사용한다.
특이한 점: 손용민과 라이벌이다.

KEY POINT

등장인물의 성격과 특징을 정하는 방법

❶ 내 주변의 인물을 참고해서 써 보세요.
❷ 주인공을 괴롭히는 인물과 도와주는 인물이 있으면
   이야기가 더 풍부해져요.
❸ 등장인물 사이의 관계를 생각하며 특징을 정해 보아요.

앞의 예시 를 참고하여, 내가 정한 글감을 바탕으로 주인공과
등장인물을 상상해서 써 보세요.

주인공

이름:
생김새:
성격:
특이한 점:

이름:
생김새:
성격:
특이한 점:

주인공을
도와주는
인물

주인공을
괴롭히는
인물

이름:
생김새:
성격:
특이한 점:

주인공은
나를 닮은 사람으로
할 거예요.

주인공을 도와주는
인물은 나랑 제일 친구를
참고할 거예요.

주인공을 괴롭히는
인물은 무서운 선생님을
참고할 거예요.

등장인물이 정해졌으면 시간적 배경과 공간적 배경을 정해야 해요. 시간적 배경과 공간적 배경이 무엇인지 알아보아요.

 시간적 배경이 뭐야?

과거 현재 또는 아침, 점심, 저녁처럼 사건이 일어나는 때를 말해. 그러니까 '언제'에 해당하는 것이지.

 시간적 배경은 어떻게 정해야 할까?

글감과 관련된 사건이 일어나기에 가장 잘 어울리는 시대를 정해야 해.

 공간적 배경은 뭐야?

글감과 관련된 사건이 일어난 장소야. 그러니까 '어디'에 해당하는 것이지.

 공간적 배경은 어떻게 정해야 할까?

글감과 관련된 사건이 일어나기에 가장 잘 어울리는 공간을 정해야 해.

 KEY POINT

배경이 되는 시간과 공간을 자세하게 설명할수록 이야기는 더욱 생생해져요. 상상이지만 진짜처럼 보이기 위해서는 최대한 구체적으로 쓰는 게 중요해요.

다음 예시 를 보고, 여러분이 찾은 글감과 관련된 시간적 배경과 공간적 배경을 써 보세요.

글감	네모 축구
시간적 배경	2324년
시간적 배경을 설정한 이유	사람들은 동그란 축구공으로 하는 축구 경기에 더 이상 재미를 느끼지 못하기 때문이다.
공간적 배경	화성에 있는 축구장
공간적 배경을 설정한 이유	지구인들이 오염된 환경 때문에 화성으로 이주했기 때문이다. 화성은 중력이 약해서 무겁고 네모난 축구공이 사용하기에 더 알맞았다.

글감	
시간적 배경	
시간적 배경을 설정한 이유	
공간적 배경	
공간적 배경을 설정한 이유	

5. 사건 만들기

 등장인물과 배경을 정했으면 사건을 만들어야 해요.
다음 예시 를 보고, 사건을 만드는 방법을 연습해 보아요.

어떤 사건이 일어날까요?	2324년 화성 네모 축구 대회가 열렸다. 가장 강력한 우승 후보인 손용민 팀을 이기기 위해 마르 팀은 열심히 뛰었다. 하지만 손용민 팀이 한 골 차이로 승리했다.
그 사건 때문에 주인공은 어떤 어려움을 겪게 될까요?	화가 난 마르는 손용민을 없애기로 결심하고 손용민이 먹는 음식에 독극물을 탔다. 손용민은 목숨을 잃을 위험에 빠졌다.
사건은 어떻게 해결되었나요?	손용민의 친구인 민호가 마르의 음모를 화성 축구 협회에 밝히고, 마르는 블랙홀에 갇히는 벌을 받았다.

내가 좋아하는 영화나 게임, 책에서 사건의 아이디어를 얻을
수도 있어요. 또한 내가 겪고 싶은 일이나 겪고 싶지 않은
일을 상상해서 써도 좋아요.

216

여러분이 정한 글감으로 어떤 사건을 만들 수 있을까요?
다음 질문에 답하면서 사건을 만들어 보세요.

어떤 사건이 일어날까요?	
그 사건 때문에 주인공은 어떤 어려움을 겪게 될까요?	
사건은 어떻게 해결되었나요?	

시간적 배경과
공간적 배경이 사건과
어울려야 해요.

등장인물의
성격은 사건에
영향을 미쳐요.

6. 상상하는 글 개요 짜기

 상상하는 글을 쓰기 전에 개요를 짜야 해요.
다음 예시 를 보고, 상상하는 글의 개요를 짜는 방법을 알아보아요.

처음 부분	제목 정하기	화성 네모 축구 대회
	등장인물 정하기	주인공: 손용민은 키가 크고 세계에서 네모 축구를 가장 잘한다. 등장인물 1: 화성에서 태어난 마르는 손용민과 맞먹을 정도로 축구를 잘한다. 등장인물 2: 민호는 손용민의 친구로 손용민을 위험에서 구한다.
	시간적 배경 정하기	2324년
	공간적 배경 정하기	화성 축구장
중간 부분	어떤 사건이 일어났나요?	2324년 화성 축구장에서 네모 축구 대회가 열렸다. 결승전에서 손용민 팀과 마르 팀이 맞붙었다. 마르 팀은 우승을 위해 열심히 뛰었지만 우승을 빼앗겼다. 손용민 팀이 한 골 차이로 승리한 것이다.
	그 사건 때문에 주인공은 어떤 어려움을 겪게 될까요?	화가 난 마르는 손용민을 없애기로 결심하고, 손용민이 먹는 음식에 독극물을 탔다. 손용민이 목숨을 잃을 위험에 처했다.
끝 부분	사건은 어떻게 해결됐나요?	하지만 손용민은 멀쩡했다. 친구인 민호가 마르가 음식에 독을 타는 모습을 보고, 그 음식을 버렸다. 민호는 증거물과 함께 화성 축구 협회에 마르를 고발했다. 마르는 블랙홀에 50년 동안 갇히는 형벌을 받았다.

앞에서 정한 글감으로 상상하는 글의 개요를 써 보세요.

처음 부분	제목 정하기	
	등장인물 정하기	
	시간적 배경 정하기	
	공간적 배경 정하기	
중간 부분	어떤 사건이 일어났나요?	
	그 사건 때문에 주인공은 어떤 어려움을 겪게 될까요?	
끝 부분	사건은 어떻게 해결됐나요?	

글쓰기를 해 봐요

 앞에서 짠 개요를 바탕으로 상상하는 글을 써 보세요.

제목:

앞에서 쓴 글을 읽고, 빈칸에 V표 해 보세요.

내용	체크
나만의 상상력이 글 속에서 잘 드러났나요?	
이야기에 등장하는 인물들의 개성이 잘 표현되었나요?	
이야기의 배경이 호기심을 자극하나요?	
사건이 너무 복잡하거나 이해하기 어렵지는 않나요?	
문장은 짧고 간결한가요?	
맞춤법, 띄어쓰기 등이 올바르게 작성되었나요?	
위의 체크 항목에서 수정해야 할 부분을 고쳐쓰기 했나요?	

KEY POINT

상상하는 글은 내 생각대로 마음껏 쓸 수 있지만 다른 사람들도 즐겁게 읽을 수 있어야 해요. 등장하는 인물과 배경, 사건 등이 자연스럽게 어울려야 읽는 사람도 즐겁게 상상할 수 있어요. 평소에 내가 좋아하는 캐릭터를 생각하며 비슷하게 쓰는 것도 좋은 방법이에요. 너무 허무맹랑하거나 자극적인 이야기는 피하는 게 좋겠지요?

한눈에 정리하는 상상하는 글

1. 상상하는 글이란 무엇일까요?

상상하는 글이란 나의 생각을 자유롭게 펼쳐 내서 쓰는 글을 말해요. 현실에서 일어나지 않는 일을 자유롭게 상상하다 보면 글쓰기에 대한 즐거움을 경험할 수 있어요. 동화, 소설 등이 상상으로 만들어 낸 이야기예요. 하지만 상상으로 만들어 낸 이야기라고 해서 허무맹랑하기만 하면 안 돼요. 독자가 이해할 수 있도록 논리적인 구성이 중요해요. 그러기 위해서는 다양한 분야의 책을 읽는 것이 좋답니다.

2. 상상하는 글은 어떻게 쓸까요?

글감 정하기	내가 좋아하는 것이나 일상에서 접할 수 있는 모든 것이 글감이 될 수 있어요.
등장인물 만들기	이야기에 등장하는 주인공과 주변 인물을 정하고 성격과 특징을 만들어요.
배경 만들기	시간적 배경과 공간적 배경을 설정해요. 현재와 다른 부분이 많을수록 이야기가 더욱 흥미로워져요.
사건 만들기	인물이 겪는 '특별한 일'을 떠올려요. 인물이 어떤 사건을 겪고 그것을 해결하게 되는지 생각해 보아요.

3. 상상하는 글 쓰기 TIP!

❶ 기발한 사건을 떠올려 보아요.
❷ 현실에 존재하지 않는 특별한 인물을 만들어 보아요.
❸ '만약 ○○○(이)라면?'이라고 상상해 보아요.

상상하는 글 핵심어를 잡아요

상상하는 글을 쓸 때 꼭 알아야 할
핵심어를 찾아 낚싯줄로 연결하세요.

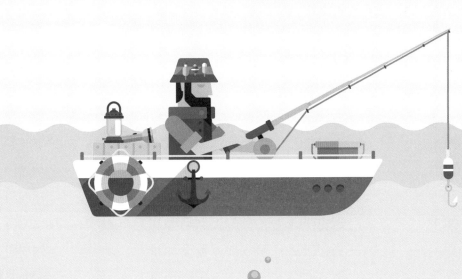

인물

주장

정보

사실

사건

진실

근거

상상

배경

성격을 나타내는 말

부지런하다	내성적이다	쾌활하다	거만하다
성실하다	소심하다	명랑하다	교만하다
친절하다	수줍다	씩씩하다	드세다
상냥하다	여리다	털털하다	도도하다
다정하다	조심스럽다	유쾌하다	간사하다
보드랍다	신중하다	유머 있다	야박하다
너그럽다	섬세하다	재치 있다	박하다
순진하다	차분하다	용감하다	인색하다
유순하다	조용하다	열정적이다	각박하다
순박하다	공손하다	적극적이다	매몰차다
온화하다	조신하다	주도적이다	냉정하다
인정 있다	예의 있다	도전적이다	권위적이다
자상하다	심약하다	수다스럽다	독선적이다
끈기 있다	유하다	산만하다	엄하다
인내심이 강하다	온순하다	경망스럽다	잔인하다
우아하다		방정맞다	무자비하다
품위 있다		덜렁대다	비겁하다
꼼꼼하다		태평하다	욕심 많다
정교하다		서글서글	이기적이다
세세하다		시원시원	심술궂다
세심하다		왈가닥	뻔뻔하다
사려 깊다			까다롭다
여유롭다			변덕스럽다

흉내 내는 말

소리를 흉내 낸 말

꿀꿀	가르랑가르랑
냠냠	개굴개굴
둥둥	딸랑딸랑
멍멍	딩동딩동
윙윙	삐약삐약
음매	사각사각
졸졸	아삭아삭
탕탕	야옹야옹
쾅쾅	어푸어푸
쿨쿨	우르르 쾅쾅
꼬끼오	째깍째깍
까르륵	참방참방
부르릉	칙칙폭폭
와장창	쿵짝쿵짝
우당탕	파닥파닥
으르렁	하하호호
철커덕	덜커덩덜커덩
콸콸콸	찌르릉찌르릉
	푸드덕푸드덕
	후드득후드득

모양이나 움직임을 흉내 낸 말

꽁꽁	뭉게뭉게
까딱	방긋방긋
뱅뱅	바들바들
뻘뻘	반짝반짝
오싹	사뿐사뿐
와락	송알송알
왈칵	아슬아슬
찡긋	안절부절
총총	알콩달콩
콩콩	얼기설기
팔짝	올록볼록
펑펑	절레절레
빙그레	조마조마
사르르	쭈뼛쭈뼛
지그시	차곡차곡
화들짝	칭얼칭얼
후다닥	타박타박
가뿐가뿐	토실토실
뉘엿뉘엿	폭신폭신
대롱대롱	해죽해죽
둥실둥실	허겁지겁
도란도란	꼼지락꼼지락
드문드문	두리번두리번

감정을 나타내는 말

기쁨	슬픔 / 불쾌	분노	두려움
가뿐하다	가라앉다	괴롭다	걱정하다
감격하다	가슴 아프다	괘씸하다	겁먹다
개운하다	곤란하다	기분 나쁘다	경직되다
기쁘다	괴롭다	답답하다	긴장되다
들뜨다	귀찮다	못마땅하다	낯설다
만족스럽다	눈물이 난다	밉다	두근거리다
보람차다	막막하다	뽀로통하다	두렵다
뿌듯하다	무기력하다	분하다	마음 졸이다
설레다	부끄럽다	불쾌하다	무섭다
시원하다	부담스럽다	성나다	불안하다
신난다	불편하다	속상하다	소름 돋다
안도하다	불행하다	신경질 나다	심란하다
유쾌하다	서글프다	싫다	압도되다
재미있다	서운하다	싫증나다	염려되다
정겹다	섭섭하다	억울하다	초조하다
좋다	슬프다	언짢다	혼란스럽다
즐겁다	쓸쓸하다	원망스럽다	
편안하다	안타깝다	짜증나다	
행복하다	어색하다	화가 나다	
훌륭하다	우울하다		
흐뭇하다	지루하다		
흡족하다	피곤하다		
흥이 난다	후회하다		

갈래별 글쓰기 수업이
끝날 때마다 벌집에
색칠해 봐!

생활글 쓰기

편지글 쓰기

동시 쓰기

설명하는 글 쓰기

소개하는 글 쓰기

주장하는 글 쓰기

연설하는 글 쓰기

독서 감상 글 쓰기

상상하는 글 쓰기